ONDE É QUE EU ESTOU?

ONDE É QUE EU ESTOU?

HELOISA BUARQUE DE HOLLANDA 8.0

HELOISA BUARQUE DE HOLLANDA

organização
ANDRÉ BOTELHO
CRISTIANE COSTA
EDUARDO COELHO
ILANA STROZENBERG

© Bazar do Tempo, 2019

Todos os direitos reservados e protegidos pela Lei nº 9610 de 12.2.1998.
É proibida a reprodução total ou parcial sem a expressa anuência da editora.

Este livro foi revisado segundo o Acordo Ortográfico da Língua Portuguesa de 1990, em vigor no Brasil desde 2009.

EDITORES
ANA CECILIA IMPELLIZIERI MARTINS
EDUARDO JARDIM

ASSISTENTE EDITORIAL
CATARINA LINS

COPIDESQUE
MANOELA SAWITZKI

REVISÃO
VANESSA GOUVEA

PROJETO GRÁFICO
SÔNIA BARRETO

FOTOGRAFIA
CHICO CERCHIARO

TRANSCRIÇÃO DA ENTREVISTA
LUCAS MIRANDA

CRONOLOGIA E PESQUISA ADICIONAL
PÊ MOREIRA

CIP-BRASIL. CATALOGAÇÃO NA PUBLICAÇÃO
SINDICATO NACIONAL DOS EDITORES DE LIVROS, RJ

Hollanda, Heloisa Buarque de, 1939-
Onde é que eu estou?: Heloisa Buarque de Hollanda 8.0 / Heloisa Buarque de Hollanda; organização André Botelho... [et al.]. – 1. ed. - Rio de Janeiro: Bazar do Tempo, 2019. 240 p.; 21 cm.
ISBN 978-85-69924-57-9
1. Literatura brasileira - História e crítica. 2. Escritores brasileiros - Entrevista.
I. Botelho, André. II. Título.
19-57961   CDD: 928.69
                    CDU: 929:821.134.3(81)

Meri Gleice Rodrigues de Souza - Bibliotecária CRB-7/6439

Rua General Dionísio, 53, Humaitá
22271-050 – Rio de Janeiro – RJ
contato@bazardotempo.com.br
www.bazardotempo.com.br

SUMÁRIO

7 **A FESTA**
ANA CECILIA IMPELLIZIERI MARTINS E EDUARDO JARDIM

9 **ENTREVISTA**

TEXTOS

62 SONHAR ALTO MINHAS PESQUISAS

75 A ROUPA DE RACHEL: UM ESTUDO SEM IMPORTÂNCIA

113 A POESIA MARGINAL

120 FALANDO SÉRIO: SOBRE *NA CORDA BAMBA*
& OUTROS LIVRINHOS DE CACASO

128 POESIA EXPANDIDA

132 CRÔNICA MARGINAL

150 MARGINAIS & MARGINAIS

155 O OUTRO POSSÍVEL

171 A QUESTÃO DO MÚTUO IMPACTO ENTRE A HISTORIOGRAFIA
LITERÁRIA E OS ESTUDOS CULTURAIS

186 A LITERATURA DA ERA DIGITAL

196 O SÉCULO DA PALAVRA

205 **HELOISA BUARQUE DE HOLLANDA: PONTE E PORTA**
ANDRÉ BOTELHO

227 **CRONOLOGIA**

238 **SOBRE OS ORGANIZADORES**

ANA CECILIA IMPELLIZIERI MARTINS
EDUARDO JARDIM
EDITORES

A FESTA

Este livro comemora os oitenta anos de vida de Heloisa Buarque de Hollanda, ou simplesmente Helô. Festeja também seus mais de cinquenta anos de atividade profissional, principalmente como professora universitária, e mais de quarenta de ativismo cultural, ao se tomar a publicação de *26 poetas hoje*, de 1976, como marco inicial.

Dois traços se destacam na múltipla atuação de Helô, comentados em passagens deste livro. O primeiro é uma sensibilidade agudíssima para o que está por vir. Heloisa percebe no horizonte a formação de movimentos culturais que apenas mais tarde ganham forma e aparecem para nós. O segundo consiste em que suas iniciativas apresentam sempre o movimento de recolher nos contextos culturais periféricos a energia que torna mais intensa a dinâmica cultural. Isso aconteceu nos campos da literatura, especialmente na poesia, dos novos movimentos surgidos nas comunidades próximas da universidade em que dá aula, e do movimento feminista mais recente, apenas para citar alguns.

O compromisso com a renovação do ambiente cultural assegurada pela incorporação da contribuição cultural periférica é uma característica de todo modernismo e do modernismo brasileiro em particular. A obra de Heloisa Buarque de Hollanda se inscreve, assim, nessa mesma linhagem. Não à toa, ela se interessou pela figura de Mário de Andrade e, em ensaio precioso, se debruçou sobre a leitura contemporânea de *Macunaíma* feita pelo cineasta Joaquim Pedro de Andrade. Também não foi à toa que se aproximou de personalidades como Rachel de Queiroz e Darcy Ribeiro, que acolheram e revitalizaram as propostas modernistas. Outras características ainda possibilitam reconhecer na trajetória de Helô uma direção modernista. Ela tem a garra dos combativos vanguardistas. Seu apreço pelo trabalho em equipe lembra os encontros nos cafés dos surrealistas em Paris ou os salões paulistas dos anos 1920. Também uma certa impaciência com os rituais acadêmicos demonstra um espírito de ruptura típico das vanguardas.

Em um espírito de festa, temos aqui os convidados que assumem a organização da obra: André Botelho (AB), Cristiane Costa (CC), Eduardo Coelho (EC) e Ilana Strozenberg (IS). Foram eles que conduziram a entrevista que abre o livro e que comentam, como em uma conversa entre amigos, alguns dos temas que se destacam nessa avaliação retrospectiva. Também foram eles que selecionaram, juntamente com Heloisa, os artigos aqui reunidos, buscando dar conta das áreas de atuação da nossa homenageada: poesia, cultura marginal, feminismo, mundo digital, estudos culturais. No posfácio de André Botelho – que tem se dedicado a uma exploração mais teórica das atividades de Heloisa – essa trajetória é analisada de forma detalhada e muito atenta.

Todas as etapas da construção deste livro, assim como a própria escolha da equipe, tiveram como motor o desejo de homenagear Helô, seguindo suas práticas: encontros, conversas, provocações, apostas e muito afeto.

HELOISA BUARQUE DE HOLLANDA

ENTREVISTA

Você se considera paulista ou carioca?

Carioca. Mentira, paulistíssima, nascida em Ribeirão Preto, de onde vim para o Rio aos quatro anos. Paulista porque sou compulsiva, *workaholic* e doentiamente organizada. Carioca porque sou praieira, ando meio desarrumada, acho o humor fundamental e a maior expressão da inteligência.

Já se perguntou alguma vez quem seria Heloisa se tivesse ficado em Ribeirão Preto?

Seria felicíssima, estaria com um marido perfeito, oito filhos lindos, uma maravilha. Ou não... a chance de ter fugido no meio da noite para o Rio também é alta.

Já que estamos falando da sua infância, vamos falar sobre uma pessoa muito importante da sua vida: seu pai. Como era a sua relação com o seu pai?

Totalmente sexual. Fora esse detalhe, ele tinha uma exigência em cima de mim muito pesada. Se eu tirasse 9,5 numa prova, ele me perguntava imediatamente: "Onde foi que você errou?" Era uma pressão enorme. Tinha que trabalhar, tinha que estudar. Com treze anos eu comecei a trabalhar e ele disse: "Agora vá à luta."

Fazia o que com treze anos?
Eu dava aula particular de recuperação escolar, dava aula de inglês (sendo que eu mesma não falava bem inglês), o que pintasse.

E a pessoa aprendia?
Aprendia, porque eu sou boa professora, mesmo sem saber nada.

Mas ele disse para você ser a sucessora dele?
Não disse, mas eu fui. A carreira dele na Medicina no Fundão inundava nossa casa. Ele foi diretor do Instituto de Puericultura da UFRJ. A primeira providência que ele tomou foi levar uma mesa e duas cadeiras lindas de casa para lá. O Instituto de Puericultura era a vida dele, não muito diferente da minha...

E ele não queria que você fizesse medicina?
Talvez, mas o que eu "ouvi" foi que ele queria que eu fosse da UFRJ. Não era uma coisa com a qual eu sonhasse, mas acabei lá. Minha revolta foi pequena, fui fazer grego, escolha que não sei justificar até hoje. Em 1963, fui para os Estados Unidos com o Luiz [Buarque de Hollanda], meu primeiro marido, que foi fazer mestrado em Harvard. Aí comecei a me inscrever em cursos de grego e trabalhar como assistente de pesquisa no Instituto de Estudos Latino-Americanos e lá me apaixonei pela política e pela urgência da realidade. Acabou aí minha carreira com o grego. Era uma época incrível, Janis Joplin cantava em Cambridge, Kennedy morreu durante esse período, Fidel Castro, Vietnã... Saiu o grego, entrou o Brasil, a América Latina, mais fortes ainda porque vistos de longe.

E a relação de seu pai com os alunos, você lembra disso?
Lembro muito bem. Não só ele levava minha casa para a UFRJ, como a trazia para dentro de casa. A biblioteca dele era um clube.

Infernal. Sempre cheia de alunos, assistentes, ele trabalhava pela casa toda, desarrumava tudo.

O fato dele ter essa biblioteca, esse amor pela biblioteca, não pode ter influenciado você também?

Meu pai era meio provinciano, ele hiperdimensionava a importância daquela biblioteca. Eu não tenho biblioteca, não gosto. Tenho uma estante com os livros com os quais estou trabalhando, mais alguns de referência e outros de poesia. Não fico com um livro depois que acabei de ler, eu passo adiante.

E sua mãe, sua irmã?

Engraçado essa pergunta juntando as duas. Elas eram muito parecidas, ao contrário de mim, que embarquei na viagem do meu pai. Minha mãe era linda, dona de casa e apaixonada pelo meu pai. Bem mais do que pelas filhas. Minha irmã é também linda, muitas vezes sinto que ela me traz minha mãe de volta, estamos sempre por perto e é uma relação meio silenciosa e intensa como era com a minha mãe.

Há um momento aí de inversão quando você vira mãe. Isso mudou alguma coisa na sua carreira, na sua vida intelectual? Como você conseguiu conciliar as duas coisas?

Acho que foi fácil. Ter aquelas crianças em volta só me deu alegria e mais energia no trabalho. Nós estamos no Brasil, regime escravocrata, eu tinha empregada boa para que eu pudesse sair

Quando Heloisa se viu às voltas com três meninos para sustentar, após a separação do primeiro marido, o modelo de chefe de casa e provedor, amparado por uma esposa dedicada, dava lugar a mulheres independentes e chefes de família, como ela viria a se tornar. Com os filhos Lula, André e Pedro ainda pequenos, nascidos com menos de um ano de diferença, no turbilhão dos anos 1960, Heloisa Buarque fez o que pôde. E fez muito. Hoje, como uma verdadeira matriarca, faz questão de reservar um dia da semana para o almoço com os filhos, noras, netos (são sete) e agregados. Mesmo sabendo que uma das críticas mais insistentes do feminismo diz respeito à desigualdade de gênero na esfera privada, com a distribuição pouco equitativa dos afazeres domésticos e da criação dos filhos, Heloisa não tem queixas. E os filhos, que optaram por carreiras no mundo do cinema, também não. [**C.C.**]

sem aflições maiores. Quanto a trabalhar em casa, barulho e bagunça, não sei porque, não me atrapalham em nada. Além disso, estávamos nos anos 1960/70, as crianças iam juntas com a mãe para toda parte, até para festas, isso era comum. Tempos hippies... Lúcia Canedo, minha amiga e aluna na época, lembra muito do meu filho caçula, Pedro, assistindo minhas aulas, quer dizer, quando não tinha apoio, levava para aula, tudo certo.

Quais as datas em que os filhos foram nascendo?
Eles nasceram em 1963, 64 e 65. Foi uma escolha. Meu projeto era ter seis filhos.

Você acha que o seu divórcio teve a ver com o feminismo, toda essa turbulência dos anos 1960/70?
Meu divórcio não teve nada a ver com o feminismo, mas com a turbulência dos anos 1960/70, certamente teve. Era muito sonho, muita festa, muita praia, muita psicanálise, muito LSD, muito "o pessoal é político" ao som de "o que quero é botar fogo no apartamento". O *ethos* do momento era irresistível. Não tem nada a ver com o feminismo... O Luiz achava tudo isso maravilhoso, era uma pessoa bem legal, bem bacana, mas era de outro tipo sanguíneo.

A tua separação foi depois da festa do "ano que não acabou"?
Foi, foi logo depois. Aquele era um momento de euforia coletiva, o réveillon de 1968 foi a cereja do bolo; praticamente todos os casais se separaram ao mesmo tempo. Era uma coisa estranha. Psicanálise cinco vezes por semana (classe média, é óbvio...), aquela aflição de mudar tudo, e se acreditava que mudando a vida a gente estaria também mudando o mundo. O engraçado é que só as mulheres mudaram, os homens não mudaram. Quem tomava essas iniciativas eram as mulheres, os homens preferiam mudar o mundo sem mudar a vida.

Em que ano foi o casamento com o João Carlos Horta?

Foi em 1972, se não me engano, eu tinha uns 35 anos. A relação com o João mudou minha vida, mudei de turma totalmente, comecei a fazer fotografia, fiz dois ou três documentários... fazia o que passava pela frente, com uma vontade enorme e livre de inventar. Abriu de vez o espectro da professora de grego...

Quando foi o casamento oficial?

O oficial foi quando eu fiz 60 anos depois de quase três décadas juntos.

Nesse período dos anos 1960 e 1970, como era a sua relação com as drogas?

Eu fazia o que todo mundo fazia. Essas experiências eram mais grupais do que individuais. As drogas da época eram basicamente álcool, LSD e maconha. Cocaína ainda era raro. LSD era a mais "intelectual" das drogas pelo acesso que parecia dar a novas formas e níveis de percepção. Seu fascínio era por aí. Por isso seu uso na psicanálise. Teve uma vez que eu tomei um LSD e fui dar minha aula na Escola de Comunicação. Eu estava falando, quando passou pela porta o Abel Silva, que era meu colega, ficou ouvindo um pouco e disse: "Helô, estão te chamando na secretaria." Aí eu saí da aula, e ele disse: "Você vai para casa agora, deixa que eu explico para os alunos que você teve um chamado urgente." Imagina o que eu não estava falando para essas pessoas.

E ele nem te contou depois?

Eu acho que ele contou, mas eu não me lembro...

> Mais do que um tempo destinado ao ensino de conteúdos, para Heloisa, a aula deve se tornar uma experiência de desconstrução coletiva de práticas acadêmicas. Assim, há uma dinâmica laboratorial, que parte de tentativas e erros. Às vezes, suas interpelações se lançam ao uso do espaço, amontoando cadeiras e aguardando a reação dos alunos, para saber se eles reproduzem ou não alguma estrutura hierárquica no uso da sala de aula. Em outras, questiona bibliografias de cursos ou teses, destacando o número reduzidíssimo de autoras. Desse modo, cada aula de Heloisa parece consistir em uma série de perguntas de caráter epistemológico. [**E.C.**]

LSD você tomava, também, como dever, era – se é que se pode dizer isso – um tipo de engajamento.

Como era a Helô de 1968?

Ela era igual a todas as Marias da época. Aquele era um momento muito, muito intenso. Hoje as adolescentes querem ser modelos ou atrizes, naquela época queriam ser guerrilheiras. Eu era muito parecida com as minhas amigas, não tinha nada de especial. Em todos os sentidos, o político, o profissional, era uma hora que a bandeira era mudar o mundo, mudar a vida. Talvez no cotidiano a meta de mudar o mundo fosse até mais fácil do que mudar a vida. Porque o seu pai não queria que você mudasse a sua vida, a sua mãe não queria, o seu marido não queria, ninguém queria, bem difícil. Eu já era casada, o que ainda piorava a situação. O resultado foi uma vontade imensa de dar um salto existencial. O que era muito difícil, principalmente para as mulheres. Os homens não entenderam esse recado. Eu acho que eles nem tentaram, eles continuaram iguais só que mais politizados, mas eu não vi um – fora alguns artistas como o Caetano – que tivesse intenção de mexer no item comportamento. As mulheres em bloco ficaram fascinadas com isso, inclusive porque eram perdedoras. Fecha os olhos e lembra das mulheres de vestido rodado na década de 1950, sorridentes, de salto alto, abrindo uma geladeira. Parece que a urgência de mudança era prioritariamente feminina. Aí fazíamos viagens subjetivas incríveis, experiências terapêuticas estranhas, recorríamos a várias formas de apoio para uma mudança de paradigma comportamental. O que era exaustivo. Você tinha que fazer um esforço enorme para dar "errado". Nessa altura eu já tinha dado "certo" na vida e na profissão. Eu já tinha casado com um marido que meu pai adorava, estudado e estava trabalhando exatamente naquilo que o meu pai queria que eu fizesse.

Qual foi a principal consequência da Passeata dos Cem Mil imediatamente após a sua realização, em 1968, tanto para o país quanto para você mesma?

Para mim foi um pique de adrenalina com um gosto intenso de vitória. Para o governo, a evidência de uma zona de risco expressa dramaticamente por uma multidão convicta de seus direitos e demandas sociais e políticas. Para outros mais atentos, uma perspectiva real da proximidade de um vazio cultural e político.

E hoje? A passeata ainda representa algo para o Brasil? E para você?

Para o Brasil acho que representa a imagem viva de uma juventude empenhada na mudança social e na democracia radical. Para mim, uma sensação de que a lógica voluntarista é uma caixinha de surpresas e que nem sempre funciona.

E qual é a importância da psicanálise para você?

Naquela época [anos 1960/70], eu tenho a impressão que era até meio ruim, não vi ninguém melhorar com psicanálise. Parecia que fazer análise era um fato cultural. E havia dois psicanalistas no Rio de Janeiro que faziam análise com LSD para ter a visão de outras camadas do inconsciente, da percepção. A psicanálise era vivida como a porta da percepção, um caminho para a transformação. Não era vivida como uma terapia.

E hoje?

Voltei a fazer análise recentemente quando me separei, há quatro anos. Mas foi completamente diferente. Eu estava sofrendo, confusa, paralisada e procurei ajuda científica. E me dei bem. Estou ótima.

Foi no momento da sua primeira separação que você foi trabalhar no *Jornal Brasil*?

Fui trabalhar em todos os lugares. Como minha separação foi conflituosa, e os meus filhos durante um tempo não recebiam pensão, eu fiz revisão para jornal, escrevi para jornal, dei aula para todo lado. Fazia o que pintasse. O que foi muito bom, perdi o medo. Senti, na carne, que acontecesse o que fosse, conseguiria segurar a onda.

Qual foi o momento em que você entendeu que gostaria de seguir uma carreira na universidade?
Eu voltei de Harvard [no fim de 1964] e não tinha muita saída. O que uma profissional de grego faz? Ou você dá aula, ou você não faz nada. Aí, chegando no Brasil, fui procurar o Afrânio Coutinho, e disse para ele: "Professor, quero trabalhar com o senhor de graça, pode ser?" Ele deixou e lá estou até hoje ganhando só um pouquinho a mais do que naquela época... Fiz concursos, mestrado e doutorado com ele. O Afrânio era uma pessoa que dava muito espaço para seus assistentes e orientandos. Afrânio tinha um humor, tinha ginga, era um autêntico baiano. Não era o Antonio Candido. Antonio Candido era uma autoridade, era uma pessoa que eu temia e respeitava. Já o Afrânio não, era leve, tinha estudado e dado aula nos Estados Unidos e tinha uma produção enorme, mas ele não se colocava como autoridade.

> É interessante como Heloisa não vê contradição no fato de o mesmo professor que lhe fez ver a academia como um espaço de invenção, e que estimulava as irreverências de sua jovem aluna, tenha sido um conservador de direita. Isso só faz aumentar seu fascínio por esse homem que, diante das forças da ditadura, se vale do poder hierárquico para defender a universidade e os estudantes. Helô não cai na armadilha dos rótulos. Para ela, valem as ações. [I.S.]

E essa experiência foi fundamental para você, não foi?
Para mim foi maravilhoso, porque ele me deixou inventar o que eu quisesse. Ele dava força, achava engraçado, me acostumou mal e me deu a visão de que a universidade era um espaço de invenção. Eu dava cursos fora da curva, como um

sobre os autores da contracultura oferecido no espaço da butique Frágil, uma butique meio hippie, meio artística na Farme de Amoedo, que tinha virado um *point* dessa geração. Então as aulas eram bem atípicas, falando da contracultura dentro da contracultura e o Afrânio achava engraçado. Aí não parei mais, na minha cabeça, tudo era permitido na universidade.

Você já tinha largado o grego?
Sim, já estava em literatura brasileira, comecei a dar aula. Trabalhava com José de Alencar (uma paixão!), Lima Barreto e Mário de Andrade, depois ficou só Mário de Andrade, depois abandonei a ficção. Afrânio era fascinante. Ele era de direita, conservador, mas quando a polícia queria entrar na faculdade, ele ia pra porta e dizia: "Daqui não passa!" E ele tinha uma autoridade de acento oligárquico para fazer isso, porque a polícia ia embora. Ele havia sido colega do meu pai na Faculdade de Medicina da Bahia, mas não sabia de quem eu era filha. Só soube no dia da defesa de meu doutorado. Eu omiti isso não me lembro bem por quê.

E a sua relação com o Alceu Amoroso Lima é dessa época?
Não. Alceu foi tema de um curso que dei. Na minha maré experimental na Faculdade de Letras dei três cursos que viraram documentários. Sobre dr. Alceu, Joaquim Cardozo, Raul Bopp. Dr. Alceu era uma figura excepcional.

Que também era conservador, não é?
Baita conservador, mas ele tinha um telefone vermelho com o Papa. Ele era a única pessoa no Brasil que falava o que quisesse no jornal, porque se acontecesse alguma coisa, ele ligava para o Papa e dizia: "Olha, estão me censurando", pronto. Então ele escrevia colunas contra a ditadura incríveis. Fiquei muito atraída por isso tudo. Ele era crítico do modernismo, cruzou com Mário

de Andrade e com o modernismo. O Alceu escreveu uma coluna interessantíssima, dizendo assim: "Tem uma garotada agora que está com uma proposta diferente de política, vejo uma luz no fim do túnel." Aí eu não hesitei: "Vamos filmar esse cara". Fiz o filme, que deu até um subproduto que foi o documentário sobre o Asdrúbal [trouxe o trombone] que foi feito por causa do dr. Alceu. Fiquei acompanhando ele em Petrópolis, e ele sabia muito, era um mestre. Eu ouvia, ouvia, levava os alunos para encontrar com ele. Todos hipnotizados com suas histórias, de guerras, viagens. De perder o fôlego. E a relação dele com o catolicismo era interessante, complexa. O curso foi demais.

Nesse momento a Faculdades de Letras ainda estava na avenida Antônio Carlos ou já estava na avenida Chile?

Já era avenida Chile. A Letras na avenida Chile era um galpão que havia sido construído para abrigar o pavilhão de Portugal em uma feira internacional. Esse galpão foi cedido para a UFRJ. Era só um imenso telhado de zinco, com divisórias, então as aulas eram praticamente todas juntas, porque você ouvia seu colega do lado dando aula. Quando chovia forte, vazava muita água, todo mundo corria junto para a sala que estava seca. Criou-se uma dinâmica de universidade aberta, compartilhada e fascinante. E era um momento especial, ano de 1968. Me lembro que, em plena aula, chegava o Vladimir Palmeira, parava tudo e ele falava, falava, falava, e desmaiávamos de paixão... A Faculdade era um laboratório inacreditável naquele momento. E

Ao contrário do paradigma narcísico do *resultado*, Heloisa busca sempre enfatizar o *processo* em suas atividades acadêmicas. E o processo deve compreender o fazer junto por meio de uma articulação de atores e saberes. Nessa prática inclusiva, em que todos são chamados à reflexão e à ação, ressalta-se especialmente a sua permanente tentativa de associar a universidade à ideia de coisa pública. Não à toa, para ela, as instituições de ensino superior precisam exercer um movimento de abertura em relação às demandas da própria comunidade acadêmica e da sociedade num todo. Nada parece inquietar mais Heloisa do que a não ocupação dos espaços da universidade e o não aproveitamento do que ela caracteriza como um "capital imenso": alunos, infraestrutura, massa crítica.

[**E.C.**]

o movimento logístico ali dentro não era de uma universidade, era de uma habitação coletiva, uma ocupação, era curioso. Isso eu acho que marcou minha vida de uma forma absurda, porque eu fui tirando tudo quanto é parede para o resto da vida.

Dentro da universidade também...
Dentro e fora, não tem uma parede, não, porque a experiência da avenida Chile provou que era o melhor do melhor. Tinha Clara Alvim que era uma mega professora, tinha Marlene de Castro, Samira Mesquita, pessoas fantásticas dando aula ali em Letras.

Parece claro que você aprende muito com a experiência, talvez tanto com a experiência e o seu olhar sobre o que você está vivendo, e sobre as pessoas e o que elas dizem, quanto com os autores que você lê.
Sem dúvida. Mesmo com os autores que leio tenho uma escuta meio flutuante em lugar de uma leitura sistemática.

Essa sua experiência no galpão das Letras parece ligada diretamente às coisas que você vem tentando fazer na faculdade que é a quebra das hierarquias, que é essa ida para fora dos muros, não é?
Vou contar uma história de uma aula que eu acho incrível. Eu fiz o livro *Patrulhas ideológicas* em 1980/90 com os alunos, que era um debate com a esquerda que estava surgindo com a perspectiva da abertura política e eu queria registrar e analisar esse debate. Então criei um curso para compartilhar esse trabalho. Durante o curso, líamos umas obras de referência e gravávamos depoimentos de artistas e intelectuais sobre o horizonte de uma democracia que se anunciava. Um dos entrevistados foi o José Celso Martinez Corrêa, que se sentou na cabeceira de uma mesa grande com uns vinte alunos, em frente ao gravador. Chegou,

sentou e começou a enrolar um baseado do tamanho de um charuto, e perguntou "quem quer?". Eu falei: "Não pode! Isso é uma aula e eu sou a responsável. Isso chama-se indução ao crime." Ele subiu em cima da mesa aos gritos e disse: "Burguesa de merda, você vende isso nos seus livros, você escreve sobre droga, você escreve sobre contracultura e não assume sua posição." Fiquei lívida de pavor, medo dele, medo do Afrânio, medo da polícia que estava dentro da universidade, um medo de absolutamente tudo. Com toda aquela força performática e quase dois metros de altura, Zé acendeu o cigarro de maconha e passou para todo mundo. Eu, apavorada, só pedia pra ele falar baixo (como se isso fosse possível) para o Afrânio não vir, ou a polícia. Para mim, naquela altura, se ele parasse de falar alto já estava bom. Eu não fumei, mas todo mundo fumou, e eu nervosíssima, só lembrava que aquilo era um crime, e que tinha polícia logo ali do lado. Essas experiências de liberdade que eu fazia também tinham um preço, às vezes um preço alto.

Percebemos que só agora, tardiamente, a extensão começa a ser valorizada na universidade. E você muito precocemente começou a investir muito na extensão.
Deve ser porque eu sinto todo o tempo que estudo, estudo, e não vejo um resultado real no que faço. Não mudo o que quero mudar. Não afeto políticas públicas, não mudo a universidade, meu trabalho morre naquele grupo de alunos. Fiz de tudo em sala de aula: um programa de televisão, chamado *Culturama: programa estudantil sem drama*, um programa na TVE que durou um ano e meio, com Regina Casé de repórter. Era um programa sobre política, feminismo, poesia, tudo meio TV Pirata, feito pelos alunos da comunicação. Aconteceu o que? Nada. Os alunos se lembram disso e eu também, apenas isso. A TVE, por falta de espaço e material, desgravou a fita. Pronto. Fico chateada

22

porque não trabalho só para me divertir (apesar de me divertir sempre trabalhando), trabalho para interpelar paradigmas.

E você tem essa agonia de fazer junto, não é?

Tenho sim, uma agonia de fazer junto, porque eu não acho graça em acumulação proprietária de saber, em ser especialista. Meus objetos de pesquisa foram o mesmo o tempo todo, "Que momento é esse que estou vivendo? Onde é que eu estou?". E a extensão é o único espaço livre de grandes regras e burocracias que temos. Único espaço que permite sair de sua bolha e tentar chegar no outro. É difícil isso na pós-graduação, que está focada em obter títulos. Já na graduação a permeabilidade e a curiosidade são maiores. E a extensão, por enquanto, ainda é "terra de ninguém". Lugar experimental e político por excelência.

A sua relação com a extensão tem a ver com o foco que você deu na sua pesquisa à questão da literatura marginal, gênero, raça, identidade. Você acha que essas coisas estão ligadas entre si? Quer dizer, essa ampliação do seu interesse na literatura para os temas das outras novas identidades?

Acho que nunca fui muito interessada no específico literário. E sim na escuta que a literatura pode ter de uma dada realidade, de um contexto sócio-político.

Mas sempre por meio do texto literário?

Sim, porque eu adoro poesia, literatura. Mas meu trabalho é sempre o mesmo em muitos outros suportes. Eu tive durante anos um programa no

> A poesia talvez seja o elo de todos os trabalhos que Heloisa tem desenvolvido dentro e fora da universidade. Desde os anos 1970, com os poetas marginais, a poesia não apenas se revela uma matéria constante em sua vida acadêmica, mas também em sua vida afetiva. Por se tratar de um gênero pouco estimado no mercado editorial, a liberdade e o campo de experimentação em que a poesia atua parece ser um modo fundamental para Heloisa tratar da cultura e das tentativas de subversão dos paradigmas. Por meio da poesia ela busca responder a duas perguntas que lhe são caras: "Que momento é esse que estou vivendo? Onde é que estou?" [E.C.]

rádio, o *Café com Letras*. Trabalhei em muitas outras plataformas: cinema, TV, mostras expositivas, antologias, plataformas digitais. Eu gosto de literatura. Mas não é necessariamente o meu foco. O meu foco é cultural e político. Sou um bicho político.

Como é que você diria que é sua pedagogia? Você consegue ver o método no jeito que você ensina?

> A valorização da criatividade na esfera acadêmica não corresponde, no caso de Heloisa, ao menosprezo pela metodologia. Ao contrário, a metodologia consiste num dos pontos altos do seu trabalho. Nesse sentido, torna-se notável a importância de afetar e ser afetado, tanto do ponto de vista intelectual quanto afetivo. A metodologia revela modos de fazer, de ler, mas também modos de gostar e de ter prazer. [**E.C.**]

Olha, antes de qualquer coisa que eu vá fazer, sempre escrevo uma metodologia para isso. Sinto a metodologia como um dos *locus* principais de invenção na relação com o objeto de pesquisa, alunos, contexto. Para mim não existe um conteúdo a ser passado em aulas e livros. Existe um processo de dizer, de você próprio se expor, de afetar e ser afetado. Se você prestar atenção, todos os meus livros têm um conceito metodológico de criação. Ter consciência do que você está fazendo e como me parece fundamental.

Mas você estrutura o livro antes?

Claro que estruturo! Na minha editora [Aeroplano], por exemplo, cada livro tinha um conceito que determinava a escolha do designer, da estrutura gráfica, das estratégias de divulgação etc. Editorialmente, cada livro que faço é proposição autoral. É a única atividade que larguei (e foram muitas) que me dá saudades. Sou viúva da Aeroplano até hoje. Agora no campo da criação, faço o mesmo. Acabei de lançar o *Explosão feminista*. Foi um livro-conceito. Percebi que meu lugar, em relação ao que eu estava querendo dizer, não poderia ser fechado num comportamento ou num único saber, que no caso seria o meu. Eu estava falando de uma geração equivalente à geração dos meus netos. Então inventei um conceito editorial que chamei de livro ocupação, que trazia o objeto para dentro da narração através de uma escrita compartilhada. Foi dificílimo de fazer, foi muito trabalhoso. Eu poderia ter sentado, entrevistado as minas e escrito num minuto, porque eu escrevo muito rápido. Mas não. Demorou, foi duro, mas foi riquíssimo. O livro *Asdrúbal trouxe o trombone*, por exemplo, que escrevi, é um documentário impresso no papel, bolado por mim e por Sônia Barreto. É um documentário, tem foto, tem balão com a pessoa falando, tem eu falando. É uma estrutura de documentário, é um doc-livro.

E nas aulas e nos cursos, você também faz isso?
A mesma coisa. Tenho sempre a preocupação com a forma, do como me colocar. O último curso que eu dei foi sobre o cânone feminista. Cada aluno pegava uma das autoras, se especializava nela e se tornava um avatar daquela autora. Depois fazíamos um debate com todos os avatares. Confesso que foi meio confuso, mas pelo menos criei umas vinte especialistas em importantes autoras teóricas feministas.

Você disse há pouco que não é uma acadêmica, mas tem um foco afetivo incrível com a universidade, parece ser uma prioridade absoluta sua, e ao mesmo tempo, você briga com essa universidade que está aí...
É porque a universidade é um capital imenso, tem aluno, tem infraestrutura, tem espaço, tem massa crítica de pesquisadores e professores, tudo isso à mão. É só articular com as pessoas certas para aquele objetivo e abrir espaço para um projeto acadêmico inovador. É só se aplicar e ter um desejo forte. O problema é que as pessoas, pelo menos na minha área, são narcísicas, querem ser notáveis, ter funções importantes na universidade e se fecham em projetos individuais.

Então você acha que o "abre-te sésamo" é não ter uma carreira acadêmica tradicional?

Isso é o meu projeto, não estou dando um modelo para ninguém. Acho a carreira acadêmica louvável, importante. Mas essa não é minha *vibe*, por isso acho que não sou levada a sério no núcleo notável. Não trabalho para ser reconhecida como crítica, pesquisadora etc. Eu não sou nada dessas coisas, tenho um projeto político e afetivo de invenção na universidade e me dedico a ele. Você acha que uma professora que dava aula numa butique hippie vai ser levada a sério? Para mim o Fundão é um lugar mágico, pura diversidade de competências, classes, idades. Eu estava acompanhando um trabalho na Universidade das Quebradas e eles estavam, naquele momento, escrevendo um depoimento para ser colocado numa garrafa e atirado ao mar. E eu ouvi um comentário lamentando que eles não saberiam o destino da garrafa. Eu liguei para um amigo na Coppe [Instituto Alberto Luiz Coimbra de Pós-Graduação e Pesquisa de Engenharia, da UFRJ] e perguntei: "Vocês têm como localizar o curso de objetos no mar?". Resposta: "Claro, desenvolvemos isso nos recursos hídricos." Colocaram um chip e até hoje, se eu quiser saber onde está a garrafa, posso localizá-la em segundos. Fiz também uns marcadores de livro para distribuir na Flip com uma foto da Ana Cristina Cesar, junto com o laboratório de modelagem da engenharia da Coppe. Quando você aponta seu celular para a foto, imediatamente surgem vinte cartões postais escritos por ela, frente e verso. Tenho a sensação de que estou na Disneylândia quando estou no Fundão. E o *input* que a gente recebe de alunos e jovens professores? Isso não tem preço.

Você que já está aposentada e continua atuando lá, trabalhando, vê dificuldade de se ver longe da universidade?

Terrível! É a matéria-prima sobre a qual trabalho e penso. Você imagina um escultor sem mármore ou bronze. Sou eu e a universidade. Moldei assim meu processo de trabalho.

Quais são os tipos e estratégias que se precisa ter para sobreviver nas universidades?
É só não fazer do seu objetivo acertar, ser reconhecido, ligar mais para seus horizontes do que para o Lattes. O Lattes é uma paranoia. Às vezes passa da conta. Outro dia estava ouvindo uma pessoa falando sobre "roubo" de bibliografia: "Não posso pôr minha bibliografia toda no CNPq, porque os consultores roubam." Como assim? A bibliografia não existe exatamente para ser divulgada, compartilhada entre seus pares? Bobeou, a vida acadêmica pode virar uma doença. Séria.

Você se considera uma revolucionária na academia?
Eu não sei se eu sou uma revolucionária, eu sou uma pessoa que se sente desconfortável na academia o tempo todo, e minha produção é no sentido de uma sobrevivência acadêmica.

Você abriu muitas frentes na universidade, não foi? A Coordenação Interdisciplinar de Estudos Contemporâneos (Ciec), o Programa Avançado de Cultura Contemporânea (PACC)...
Mas sempre com dissimulação. O Pinguelli [Luiz Pinguelli Rosa] uma vez definiu bem meu trabalho. Ele disse: "Você não trabalha na universidade, você trabalha dentro de uma ONG na universidade". É mais ou menos assim que penso esses espaços. Não somos nada. O Ciec não era nada. O PACC também. O PACC não é um centro, não é um instituto, não se constitui como unidade orçamentária, é um programa de pesquisa com zero formalidade. Corro atrás das agências, CNPq, Faperj, Capes, Fundação Ford etc. e, com isso, sustento os projetos do PACC. Não acho nem chato isso. Acostumei e curto bastante minha prosa burocrática.

Você uma vez se definiu como uma *project machine* e disse que gosta de escrever textos de projetos.

É verdade, gosto mesmo. Se você quiser fazer coisas fora da curva tem que ser uma *project machine*. Além disso, eu gosto de gerência, eu sou uma administradora, eu não sou uma intelectual.

Você faz parte desde a comunidade universitária até as comunidades fora da universidade, periféricas. O que é comunidade para você?

Acho que é uma estratégia de fortalecimento. Tanto na academia quanto na periferia. Articulá-las é que é o difícil. Em 1993, fiz o seminário "Sinais de Turbulência", que já tinha a presença da periferia. Para esse seminário, montei mesas improváveis. Tinha uma mesa, por exemplo, com o DJ Marlboro falando com a famosa professora da Universidade de Nova York, Tricia Rose, especialista em performance. Veio o José Júnior, que ainda não tinha o Afroreggae. Foi logo depois do massacre da Candelária e o de Vigário Geral, que foi quando os intelectuais começaram a subir o morro: Zuenir Ventura, Regina Casé, Caetano Veloso, Waly Salomão. Começou a se reviver esse contato, que era raro, mas que tinha sido um carro chefe nos CPCS nos anos 1960. Essa relação voltou com formatos bem diversos em função da progressiva autonomia que os artistas da periferia iam ganhando. Artistas que começaram uma proatividade interessante criando soluções culturais. Foi bem bacana esse momento. Fiz esse seminário e comecei a trabalhar direto com a periferia. Comecei a estudar funk, rap, ir aos lugares, participar, me aproximar e percebi que a conversa era outra, não era a dos anos 1960. Em 1993 tínhamos o grupo de teatro Nós do Morro, que já era uma potência. Não dá mais para ensinar coisas e causas como nos anos 1960, quando a aproximação com a favela era feita de forma pedagógica. Hoje, você vai para lá e eles sabem exatamente o que querem. São poliglotas, falam a língua da mídia, a língua do mercado, a língua do Estado e a língua local, o seu CEP, como eles dizem. O CEP é o miniterritório, é menos que um bairro. Pensei tanto nisso, estudei tanto isso. Descobri que a melhor forma para esse encontro não era mais pedagógica, mas em termos de parceria.

E foi isso que motivou você a levar novas comunidades para a universidade, como as periferias?
Eu sinto a academia muito monolítica, muito pouco porosa. Comecei a me envolver e a pesquisar a cultura das periferias em 1993. Meu foco era discutir a mobilidade dessa cultura e sua relação com o centro (se é que essas categorias fazem algum sentido.) A partir daí formamos uma rede de pesquisa latino-americana e comecei a me aplicar seriamente na pesquisa e na escuta das comunidades periféricas.

> Uma frase cada vez mais recorrente nas conversas com Helô é "gosto muito mais de escutar do que de falar". Vindo de uma professora que não se afasta da sala de aula, de uma pesquisadora que dá uma palestra depois da outra, a afirmação parece não fazer sentido. Mas a escuta que Helô propõe é a de um exercício político de compreensão e aprendizado a partir da fala do outro, seja qual for essa alteridade: de cor, de gênero, de religião, de geração. Aberta às diferenças mas sem descartar as divergências. Uma "escuta forte" porque é transformadora. [I.S.]

Foi assim que você criou a Universidade das Quebradas?
Como eu já estava conhecida por meu trabalho com a periferia, orientava várias teses sobre o assunto. Uma delas era da Numa Ciro, sobre o rap. Ela me contou que, paralelamente à pesquisa, estava oferecendo apoio à leitura para rappers. Tivemos então a ideia de fazer uma experiência trazendo artistas e produtores culturais das periferias para dentro da universidade e pensar na criação de um laboratório de tecnologias sociais. Em 2009, fizemos um piloto, a coisa pegou fogo e hoje estamos comemorando dez anos de Universidade das Quebradas, o projeto mais importante que realizei nessa minha longa vida. Uma coisa crucial sobre esse projeto é que eu o encaro como uma militância

acadêmica, não uma militância social. Sempre achei que quem ganharia mais com essa presença na universidade eram os acadêmicos, alunos e pesquisadores. A universidade tem pouquíssimo contato com diferentes saberes além de uma escuta bem fraca para os fenômenos emergentes.

Você sempre trabalha com tendências ainda não formalizadas ou legitimadas. Parece ter sido também o caso da cultura da periferia. De onde vem isso? Como você consegue ter essa capacidade de ver na frente, de ver antes, de absorver?
Acho que é por curiosidade e para entender melhor onde estou...

É uma missão, uma vocação?
Não, eu diria que é uma compulsão. Trabalho muito com jornal, a vida toda li jornal de cabo a rabo. E leio com uma tesoura na mão. Vem uma notícia aqui, outra ali, um sinal diferente, recorto e guardo. Foi o que aconteceu com as jovens feministas. De repente, começou-se a falar de mulher, de mulher, de mulher. Coloquei logo na agenda: de onde é que está vindo isso? O resultado foi o *Explosão feminista* com 540 páginas... O jornal é um termômetro, ele não desenvolve suas pautas, mas ele pauta, e pauta bem.

Hoje você ainda acha que faz sentido falar de periferia e centro ou você acha melhor falar do trânsito entre uma coisa e a outra?
Aqui vejo duas coisas. O trânsito aumentou, o fluxo cultural dobrou, a visibilidade dessa cultura hoje é um fato. Mas, por outro lado, os territórios dessa produção continuam reféns da violência, da falência da educação, do saneamento básico, lazer e muito mais. Então dizer que a periferia chegou no centro é uma adorável fantasia. Mas é importante conferir o salto que foi dado. Hoje

temos representantes já no congresso, no senado, na moda, nas artes, enfim, em toda parte.

Na verdade, o que vemos é que essa periferia que entrou na universidade, que está na Flupp [Festa Literária das Periferias], que está nas quebradas, não é a mesma que elegeu o Bolsonaro, não é?

Pode não ter votado nele, mas tem como eixo a modelagem do *self*, do sucesso pessoal, da prosperidade, do pró-ativismo. Veja, por exemplo, nas quebradas, a ideia é fazer um projeto para se autoconstruir. Não estou falando das religiões neopentecostais, estou falando de uma cultura, de um *ethos* pentecostal. O que move as periferias hoje é o empreendedorismo que pode ser como poeta, como negócio ou como produtor, ou até mesmo como pastor.

Então, esse é o seu novo interesse?

É, mas ainda está verdinho. Começou com minhas etnografias de saraus de poesia, havia um projeto ali muito interessante. Era um momento de autoconstrução e de criação como comunidades de apoio. Eu ouvia como a "palavra salva", como a "palavra cura", como a palavra é sentida enquanto poder. Isso não é só nos saraus. No meu estudo sobre os novos feminismos o que se sobressai é a luta pelo lugar de fala, é a cura dos traumas do abuso, da violência pela palavra e pela arte. Isso são falas correntes.

Mas você enxerga os artistas da periferia como evangélicos?

Estou falando de uma cultura evangélica, não de uma religião evangélica. Cultura evangélica é a cultura da palavra, é a cultura do testemunho, a cultura da prosperidade. A coisa mais comum entre os participantes da Universidade das Quebradas é a narração da vida. É uma necessidade, é recorrente. Isso é o que vejo como testemunho e construção de si, isto é chave tanto nas religiões neopentecostais quanto na cultura das periferias. O que lembra o microfone aberto, nova regra nos saraus de poesia?

Você reconhece isso também no slam?
O slam é testemunho em cima de testemunho. É poesia-mensagem, como diz Luna Vitrolira. O poeta vira uma voz, e sua voz, uma potência. O tom dessa poesia remete a uma poesia de culto. Uma poesia que fala de "Eu", que é afirmativa, e que é ritualizada.

E é interessante porque mais uma vez você vai na contramão...
Total! Quando eu digo que estou estudando cultura evangélica, ninguém entende. Mas é o que precisamos começar a compreender. A emergência dos evangélicos em todo mundo é realidade. Em 1990, o Edir Macedo escreveu um livro chamado *Plano de poder*, que está sendo seguido e as etapas estão todas sendo cumpridas. É melhor entender minimamente do que estamos falando para tentar estabelecer brechas, diálogos, políticas.

Você sempre diz que gosta de novelas. Por que você tem mania de objetos impuros?
Impura sou eu. A novela é uma dramaturgia de ponta aqui no Brasil, não dá para dizer que não é. É o que exportamos, não temos concorrentes. Os autores de novela são uns senhores escritores. João Emanuel Carneiro é um grande escritor. Agnaldo Silva é outro. É uma forma de dramaturgia popular melodramática, como foi a ópera um dia, e na qual nos especializamos. Além disso, a novela tem um papel socializan-

---

Nunca telefone para Heloisa Buarque de Hollanda na hora da novela das 21h. Até porque ela não atende. A máxima é conhecida por todos os seus alunos, monitores, orientandos, pesquisadores com quem divide projetos, e funcionários. É sua hora sagrada. Uma das primeiras intelectuais a perceber que o potencial das telenovelas para influenciar e modernizar os papéis de gênero até então reservados aos personagens femininos e masculinos na vida real, Helô nunca escondeu que seu interesse pela teledramaturgia ultrapassava o acadêmico. Especialmente quando se trata de novela de Gilberto Braga ou João Emanuel Carneiro, seus autores preferidos. [**C.C.**]

te importante; há uma convergência de ouvintes numa mesma hora no país inteiro, a criação de uma comunidade. Me sinto bem vendo novela. Mesmo que sejam ruins. Quero saber o que estão fazendo. Com os seriados os intelectuais se encontraram na TV, mas eu continuo seguindo meus personagens todo dia. O Afrânio Coutinho, por exemplo, a cada vaga na ABL, propunha a Janete Clair como candidata e era vaiado. E ele fazia isso convicto. Por isso que eu gostava dele. Eu me lembro dele propondo e eu rindo.

Mas a novela não teria um lado alienante? Você não tem um olhar crítico sobre novela?

É bem fácil ter esse olhar. A novela faz parte da indústria de um entretenimento sem preocupações transformadoras ou críticas. Mas ela foi a forma que mais impactou a cultura popular e comercial brasileira. Ela tem também um papel de companhia. É só checar o índice positivo de sua presença em pessoas de terceira idade ou de baixa renda que não podem investir em cultura, viagens etc. Eu gosto da repetição diária da mesma trama, dos personagens que te acompanham, que dão saudade quando uma novela termina. Eu gosto da colocação em cena, na hora do jantar das famílias, de temas como o processo de redesignação dos transgêneros, os sentimentos gays, lésbicos, principalmente quando mostra a dificuldade de aceitação desses assuntos pelas famílias e dos processos de mudança que essas mesmas famílias podem sofrer. Isso pode ser visto, com grande facilidade, como "transgressões domesticadas", porque o são. Mas, por outro lado, trazem uma certa pedagogia para as famílias sobre a pertinência (ou inevitabilidade) dessas escolhas, que, muitas vezes, estão nessa mesma mesa de jantar.

Mas existe uma moral evangélica que rejeita categoricamente esses temas que você mostra que estão tematizados nas nove-

las. **Esses temas são vistos como uma agressão aos valores da família brasileira?**
Acho que talvez, porque a novela trabalha de maneira conservadora, mas numa área de risco, que discute esses valores.

Voltando à experiência das Quebradas, como pensou a metodologia desse projeto?
A Universidade das Quebradas parte de uma ideia de intervenção política no paideuma acadêmico. E foi pensada como um laboratório, ou seja, um processo experimental que tenta estabelecer um diálogo, ou troca, entre a academia e o saber da periferia para construção de novas formas de produção de conhecimento. Partimos de um pressuposto improvável. Temos avanços e recuos interessantíssimos nesses processos de trocas que vai se moldando passo a passo, muitas vezes exibindo, fragorosamente, sua impossibilidade, o que é um objeto de estudo muito atraente.

Mas traz algumas possibilidades também, não é? Afinal, mal ou bem, a Universidade das Quebradas coloca esses jovens sustentando seus projetos em um outro lugar, esse sim improvável até a criação desse laboratório.
Não, sabe por que? Porque essa troca ainda está longe de se efetivar de maneira satisfatória. A gente tenta conseguir alguma coisa, mas do lado da academia, pelo menos, a resiliência é grande. O trabalho efetivo, político das Quebradas é o *reconhecimento*. O artista é reconhecido como sujeito, por seu trabalho, seu saber, sua visão de mundo. O projeto em si, a troca efetiva de conhecimento para obter formas novas de produção de conhecimento é uma meta interessante porque ela é, na realidade, um processo e não um resultado. Mas, o grande subproduto é, como falei, o reconhecimento, a partir daí eles realmente se transformam, se reconhecem como sujeitos de um saber.

E sempre existe o conflito, o que não é um valor na prática acadêmica.
Sempre apostei no conflito especialmente como valor de transformação. O conflito democrático é o motor da luta pelo reconhecimento. Nas Quebradas essa aceitação do conflito é fundamental, é o que impulsiona o crescimento dos sujeitos e dos diversos lugares de fala.

Ao mesmo tempo você pega um objeto de pesquisa, põe em movimento e observa. Essa tem sido sua prática cotidiana..
Sim. Porque meu interesse é experimental, trabalho a partir da tentativa e erro. E, às vezes, levo pancada do objeto. O que é maravilhoso.

E como nasceu seu interesse pela poesia, que também não deixa de ser um gesto de coletar, juntar, organizar, observar e dar visibilidade, de reconhecer. Suas antologias, especialmente a *26 poetas hoje* (1976), são uma marca da sua vida acadêmica. Como foi que você inventou essa antologia?
Por acaso, o livro *26 poetas hoje* foi uma encomenda. Eu estava estudando muito a poesia contracultural de resistência ao regime militar, era muito próxima dos poetas, e comecei a fazer palestras sobre essa pesquisa. Fui então chamada para fazer o número zero da Editora Labor, que estava chegando ao Brasil. Fiz a antologia, li todos os mimeógrafos e livrinhos artesanais da época, percebi que estávamos diante de um exercício interessantíssimo de articulação entre arte e vida. Lançamos a antologia em grande estilo com uma superfesta marginal no Parque Lage, fiquei felicíssima e no dia seguinte comecei a ser condenada pelos professores, pelos poetas do concretismo, e por grande parte da "vida literária".

A antologia deu muita confusão, não foi?
Só deu. Assim que a antologia saiu foi uma onda de críticas. Virei até supostamente inimiga dos concretos, coisa que não fazia o menor sentido. Até hoje eu não sei dizer o que aconteceu direito, o porquê dessa antologia incomodar tanta gente. Foi engraçado o tamanho da repercussão de uma simples antologia. Eu fiquei famosa, de repente, por causa desse livro. Famosa, de tanto que falaram mal. Foram muitas palestras, debates, até na SBPC [Sociedade Brasileira para o Progresso da Ciência] fui parar com meus poetas. Tive que defender esse trabalho de críticas, tais como "isso não é literatura", isso é a "consagração da sujeira e do palavrão". Lembro que até respondi a uma dessas críticas que saiu na revista *Fatos e Fotos*, com uma matéria que tinha fotos feitas no quintal da minha casa na rua Faro, lavando os livrinhos e pendurando no varal, enquanto Charles [Peixoto], um dos poetas marginais mais queridos, com um ferro de passar na mão, engomava os livrinhos numa tábua de passar roupa. A pergunta que colocamos na matéria era: "Ficou limpo agora, professor?" Mas o mais repetido nas acusações era a frase "isso não é literatura", o que, curiosamente, teve um efeito inverso no meu trabalho. Claro que fiquei chateada, mas, ao mesmo tempo, tive uma curiosidade enorme sobre o que é e o que não é literatura. Essa questão orientou toda a minha carreira desde então.

Você fez outra antologia bem polêmica que foi a *Esses poetas* (1998) que também provocou fortes reações...
Acho que a crítica a *Esses poetas* ressoava ainda a ressaca da antologia *26 poetas hoje*. O livro *Esses poetas* ficou importante porque a antologia anterior lançou nomes e fez um cânone. Oitenta por cento daqueles poetas ficaram. Essa nova reação a *Esses poetas*, foi o segundo round, tinha muito a ver com a expectativa criada pelo impacto e pela permanência da *26 poetas hoje*. Em

suma, *Esses poetas* não é uma primeira antologia, é uma segunda antologia em relação a uma primeira que tinha virado referência. A antologia *26 poetas hoje* foi, se olharmos de hoje, uma briga no plano teórico. Já com *Esses poetas* a briga estava centrada em política, porque a diversidade foi o maior critério de seleção dessa vez. E a poesia gay era de excelente nível. O mundo dá voltas...

E você não se sente incomodada por receber tantas críticas em relação a tudo que você escreve?
Pois é. Incomoda um pouco, mas continua me orientando. Minha tese de doutorado, por exemplo, quase foi reprovada porque assumi a primeira pessoa na argumentação e na interpretação do material poético que pesquisei. A partir daí, descobri a forma ensaística radicalmente em primeira pessoa em que eu me senti e sinto confortável para expor meu trabalho.

Como é sua relação com a crítica literária?
Aprendi um monte de teorias literárias na faculdade, mas sempre me recusei a trabalhar apenas com elas. Me guiei sempre mais por uma entrevista dada por Bakhtin à revista *Novy Mir*, em 1972. Ele dizia, meio que brigando com o formalismo russo: o problema que imobiliza a atual teoria literária é a busca obsessiva do que seria o específico literário quando a real importância da literatura está na sua relação com seu contexto cultural. Isso é quente. Dessa forma, voltada para o próprio umbigo, a crítica literária tem pouca chance de avançar e mesmo de apreender a importância da literatura como discurso. Pior ainda é a pobreza da crítica literária que se confina em discussões paroquiais.

É famoso seu grupo de estudos na casa de Cacaso. Como foi essa experiência?
Esse grupo de estudo se formou em função de um conjunto de

circunstâncias muito específicas daquele momento [anos 1970]. Assim de cabeça, penso em dois provocadores imediatos. Um, seria o fato de que eu, na UFRJ, e o Cacaso, na PUC-Rio, estávamos dando cursos sobre a poesia marginal, como se costumava chamar na época, e encontrávamos uma resistência truculenta por parte dos teóricos e críticos literários, que descartavam essa poesia como um fenômeno apenas "sociológico" (fosse lá o que isso pudesse significar), apontando o caráter inadequado de seu estudo para os currículos de Letras. Eu e Cacaso começamos então a ler muito e estudar juntos na busca de fundamentos mais científicos para nossa atração fatal pela geração mimeógrafo, que, por sua vez, começava a ganhar cada vez mais terreno na cena cultural dos anos 1970. Outro fator que seguramente motivou que nossas leituras conjuntas terminassem por formar um grupo de estudos, foi a polêmica estruturalistas × marxistas que se anunciava no meio acadêmico e que acabou, como sempre, em xingamentos e ofensas na imprensa nanica e nos melhores cadernos de cultura. Num quadro de muita censura e ansiedade no espaço das salas de aula, a emergência do estruturalismo como quadro teórico quase oficial dos estudos de letras, soava um pouco como a opção pela desistência da problematização de questões políticas, como apenas uma maneira de não se comprometer numa hora de repressão, exílios, vigilância e cassações. Por outro lado, os estruturalistas contra-atacavam acusando os marxistas (que na realidade, eram os seguidores de Antonio Candido) de não-teóricos. Dois livros são lançados nesse momento e polarizam posições: *Estruturalismo e Teoria da Literatura*, de Luiz Costa Lima, e *O Estruturalismo dos pobres e outras questões*, de José Guilherme Merquior. No calor da disputa, quatro artigos publicados no jornal *Opinião* tornam-se antológicos: "Quem tem medo da teoria?", de Luiz Costa Lima, e a resposta "Há alguma teoria com medo da prática?", de Carlos Nelson Coutinho, e "Bota na conta do Galileu", de Cacaso, e a tréplica de Costa Lima "O bloco do eu sozinho". Cacaso e eu resolvemos mergulhar de cabeça em leituras pesadas como a dos quatro alentados volumes da *Estética* de Lukács e na discussão de um conjunto de obras que selecionamos como seminais para os estudos literários no Brasil como, por exemplo, a *Formação da Literatura Brasileira*, de Antonio Candido. Esse era mais ou menos o cardápio do grupo de estudos que varava as noites de terça-feira no apartamento de Cacaso na avenida Atlântica.

Um dos poemas de Cacaso, muito citado, é o "Relógio quebrado" que diz assim: "Não sei parar/Na hora certa", e que é dedicado a você. Qual é o grande mérito da poesia do Cacaso?
Exatamente a síntese, o humor e a lucidez aguda. Este é meu melhor retrato: realmente, não sei parar na hora certa.

Nunca escreveu poesia?
Nunca. Eu sou uma arquiteta que não saiu do armário. Me expresso através do espaço, da luz. Sempre. Nas casas que construo, na produção editorial, nas exposições que monto, nos espaços acadêmicos que crio. É como penso.

Como você virou editora?
Foi por acaso também. Eu estava no Fórum de Ciência e Cultura [1992] e acabei assumindo a editora que estava lotada no Fórum. Foi definitivo. Me marcou para o resto da vida. Mas o que eu sempre quis fazer na UFRJ foi ser prefeita do campus da Praia Vermelha. Pedi isso para três reitores quando me ofereciam outros cargos, mas nenhum acreditou em mim. Tenho certeza que seria mi-

> Penso que arquitetura, para Helô, é ao mesmo tempo uma prática empírica e uma metáfora. É o seu modo de pensar, sua atitude diante da vida. Helô pensa a partir do espaço e da forma para que neles aconteçam as relações que deseja viabilizar, os conteúdos que deseja ver produzidos e valorizados. Nesse movimento contínuo, tanto na construção e reforma de seus sucessivos locais de moradia, quanto na universidade ou em outros cenários, o afeto e a beleza são estruturais. **[I.S.]**

nha grande realização. Aquilo é lindo, mas não tem vida, não tem espaços de convivência, de encontro, de troca, o que é fundamental. As escolas deveriam ser os prédios mais bonitos de uma cidade, idealizados por grandes arquitetos.

O espaço público é pensando a partir da austeridade, e você o pensa, inclusive, a partir do luxo.
Claro. Do luxo e da beleza, apesar dos intelectuais não gostarem muito disso. Ou melhor, não imaginarem o que é trabalhar num espaço lindo por respeito aos alunos e professores. É o salário-ambiente como dizem os funcionários do PACC.

E como foi a sua experiência como editora?
Na editora da UFRJ, eu descobri que fazer livro é um ato crítico. É maravilhoso, primeiro, a escolha do catálogo, que nunca é inocente. Descobrindo isso, peguei pesado. Fiz uma política de publicação de autores latino-americanos que dariam, com certeza, um debate na academia e fora dela. Foquei em estudos culturais, que é uma área que de certa forma interpela os "saberes puros" e insiste na articulação entre a academia e a sociedade, e comecei a traduzir Canclini, Beatriz Sarlo, Barbero e por aí foi. Recuperei obras fundamentais como a de Fernando Azevedo, fizemos a obra completa de Anísio Teixeira com tratamento gráfico de um artista importante como Luciano Figueiredo, enfim, descobri que uma editora era quase uma arma. Me apaixonei. Tudo era pensado. Descobri que editar é uma forma de leitura. Que cada livro é um *case*. O documento de abertura da editora previa

> Lombada de animal print, fundo rosa shocking, letras douradas? Isso lá é capa de livro publicado por editora universitária? Sim, se a editora for Heloisa Buarque de Hollanda. À frente da Editora da UFRJ ou de sua Aeroplano, não foram poucas as ousadias que assumiu como editora. Para ela, livro não é só palavra pintada em papel branco, mas um objeto de desejo que deve seduzir o leitor pelo título, pela capa e por um projeto gráfico original, como os realizados por alguns dos melhores designers do país sob sua batuta. É o que mais sente saudade de fazer, como não cansa de dizer [C.C.]

como missão intervir na academia, atualizando bibliografias, promovendo discussões, abrindo novos campos de pesquisa. Criamos também um café lindo, chamado "Poesia em Pânico", que é um verso de Murilo Mendes para promover a convivência em torno dos livros.

Isso foi em que ano?
Em 1992, 1993, e fiquei por duas gestões, a do reitor Nelson Maculan Filho e a do Paulo Gomes. Saí por um motivo interessante. Comecei a pensar em publicar a correspondência entre Hélio Oiticica e Lygia Clark. Foi um empreendimento quase impossível. A família da Lygia Clark não deixava, a do Hélio também não. Foi um ano de idas e vindas. Mas a gente fez o livro, que também teve o projeto gráfico de Luciano Figueiredo, que na época era curador do acervo Hélio Oiticica. Foi uma publicação que nasceu clássica. Do meu ponto de vista, uma contribuição absurda para a cultura brasileira. Pois bem. O livro foi lançado, deu capa em todos os jornais, no país inteiro, e o que ouvi foi: "Uma editora de universidade não é para fazer esse tipo de livro. Editora de universidade é para publicar aqueles professores que não conseguem publicar." Eu falei "eu acho que eu estou no lugar errado", fui embora e criei a Aeroplano, minha editora, com Lucia Canedo, que era minha parceira na editora UFRJ, Elisa Ventura, Rui Campos (da Livraria da Travessa) e meu filho Lula [Buarque de Hollanda].

Em que ano que abriu a Aeroplano?
Em 8 de dezembro de 1998, com uma festança no MAM, no mesmo dia em que Dora, minha neta linda demais, nasceu.

Aliás, festa é outra característica sua, não é?
Festa para mim é combustível. Pedro, meu filho, e Adriana, minha nora, vão fazer outra festança pra comemorar meus oitenta

anos. Combustível, aos oitenta, é produto de primeiríssima necessidade.

E a Aeroplano?

A Aeroplano, inicialmente, me deu um susto. Eu vinha do paraíso que era a Editora UFRJ com infraestrutura, funcionários, e muito mais, e caí numa realidade na qual eu tinha que pagar aluguel, luz, telefone, designer, revisor. Tudo isso era desconhecido para mim. Tínhamos capital zero e minha nova sina foi correr atrás de patrocínio para livros praticamente "impatrocináveis". A Aeroplano não era exatamente uma editora. Ela realizava projetos editorias que geralmente acompanhavam o contrafluxo do mercado.

Você fez coisas muito importantes. A publicação da coleção _Tramas urbanas_ foi histórica.

Naquela hora estavam ganhando visibilidade o rap, o funk, o grafite assim como os projetos culturais de inclusão social criados nas periferias. Comecei a ver estudos sobre isso, teses, artigos e me ocorreu que seria importante ter a versão dos protagonistas desses projetos, ações, criações. Trabalhei com Ecio Salles na seleção e com Gringo Cardia no projeto gráfico. O projeto gráfico foi muito pensado porque tínhamos certeza que não queríamos carência, pobreza, nem mesmo a limitação de um grafite na capa. A cultura da periferia é uma cultura pop, em movimento, contemporânea. Tudo isso foram experiências de descoberta do meu lugar nessa relação com a periferia. Percebi como poderia estabelecer uma troca verdadeira e respeitosa com os autores, que eu precisava ouvi-los e que eu precisava também ser ouvida. Foi uma viagem. E cada vez que eu chego mais perto da periferia, tenho certeza que eu não sei nada sobre a periferia. Na Aeroplano pude carregar nas tintas e dar vazão a intervenções mais políticas além de experiências gráficas lindas. Essa foi a época em que mais me senti realizada. Uma tristeza que sinto até hoje é que a Aeroplano não existe mais. A realidade é que nunca retiramos um tostão do nosso trabalho na editora. Uma maluquice.

Mas era um prazer?

Era um prazer gigantesco que às vezes perdia o limite. Fizemos um livro chamado *Na lona* com fotografias belíssimas do Rogério Reis. Fomos nos apaixonando durante a produção e gastamos o orçamento inteiro do patrocínio da Petrobras somente na gráfica. Um livro em preto e branco que entrou cinco vezes em máquina. Mas ficou uma perfeição. Honrou o trabalho do Rogério. Haja prazer nisso.

O que essa experiência como empresária ensinou a você?

Eu até gostaria de ter sido uma empresária. Gosto dessa adrenalina. Mas no caso da Aeroplano, tenho que reconhecer que não se tratava de uma empresa, que estava mais para o lado de ser um *hobby*. A gente fazia livro, nunca fez uma editora. Eu me lembro que uma vez chamei o Zé Márcio Camargo, economista, que é meu amigo, para dar uma olhada na Aeroplano. Ele ficou embasbacado. E disse: "Fazer um estoque de livros como esses é o pior negócio que já vi. Aliás, estoque é o único investimento que existe em que você paga para não render. Essa figura não existe na economia." Diagnóstico brilhante, que rendeu até um artigo que encomendei para a revista que eu editava na época. A partir daí tomei consciência de que, até quando fosse possível, eu deveria continuar cultivando esse *hobby* e sendo feliz.

Você se acha mesmo uma arquiteta frustrada?

Não, arquiteta bem realizada, porque eu faço tudo em função de um pensamento espacial arquitetônico. Só não faço construção civil.

Mas você vive se mudando e fazendo obra...
Verdade. Foram mais de dez. Eu corri a cidade: Copacabana, Jardim Botânico, Gávea, Cosme Velho, Leblon, agora Ipanema... e em breve, novamente para o Leblon, e nova obra.

Uma de suas casas era famosa, está nas cartas da Ana Cristina Cesar...
Sim. A da rua Faro. Era o ponto de encontro dos poetas marginais.

Aquela que tinha uma árvore dentro da sala?
Essa é a do famoso réveillon, na rua Carlos Luz, no Jardim Botânico também. Tinha uma jaqueira dentro, no meio da sala. Essa casa era só um chapéu (um telhado desabado) com uma árvore no meio, telha vã, uma cozinha dentro da sala, tudo junto, e dois quartos, um para as crianças e um para mim.

O espaço é importante para você?
Sempre penso no desenho de um espaço e depois desenvolvo o *script* do que vai acontecer ali. Nunca entro num espaço virgem, não planejado. O roteiro do que vou fazer já está no espaço, você vê o PACC: primeiro criei o PACC com aquela mesa enorme e única, muito vidro, transparência e luz. Irritei a equipe toda. Todo mundo querendo ter sua mesa, seu computador próprio, sua portinha que pudesse ser fechada. Expliquei que o PACC é um projeto que só pode ser desenvolvido em um espaço único, não proprietário, colaborativo. É um projeto cuja metodologia é pensar junto. Portanto, do ponto de vista conceitual, não cabem aqui muros e portas. Isso seria um gol contra.

No PACC tudo acontece em torno de uma grande mesa, assim como essa da sua casa?
Sim, minhas mesas são e serão sempre hiperdimensionadas. Isso

determina um comportamento agregador e criativo. Eu me lembro que traduzi um artigo do Foucault em que ele mostrava como uma planta baixa pode ser disciplinar, condicionadora de comportamentos e limitações. Na Aeroplano também era assim, sem sala do diretor. Eu falo pelo *layout*. Meu pensamento é inevitavelmente espacial.

Em exposições também você fala pelo *layout*?
Claro, e eu fiz muitas, e foi onde senti minha atividade crítica mais bem expressa. Fiz uma exposição, *Fundação de Brasília*, com depoimentos dos candangos; fiz, com Alberto Renault, *Vento forte*, sobre os cinquenta anos do Teatro Oficina. Fiz uma com Gringo Cardia, *Estética da periferia*, no Rio, e depois *Estética da periferia: diálogos urgentes*, em Recife. Também fiz *Gringo de Todas as tribos*, *Periferia.com* e outras de que não estou me lembrando agora. Eu não escrevo artigos ou livros no modelo acadêmico, apertado, pré-moldados. Não conseguiria me traduzir assim. Sou uma pessoa que não se dá bem com o Qualis.

E também tiveram exposições sobre o mundo digital, que foi um universo que você explorou também de forma pioneira.
Sim. Lembrei de mais uma exposição que tem a ver com o digital. Fiz no Oi Futuro, novamente com Soninha Barreto, a exposição *Blooks* (books + blogs), que nasceu das pesquisas que eu fazia na época sobre o impacto da internet na literatura, do alcance da pirataria criativa, do *creative commons*, dos novos perfis e funções da noção de autoria que me parecia frontalmente interpelada no universo da web. A exposição ficou linda, com literatura digital, interativa, imersiva, de blogs literários, criação de comunidades digitais em torno de livros e autores, enfim, uma infinidade de novos procedimentos na área da literatura. Tudo isso num espaço escuro e muita projeção tecnológica. Lindo.

Como boa orientadora, Heloisa gosta de dar preciosos conselhos aos seus pupilos. Um deles prega que é melhor ser o primeiro a abordar um tema desconhecido do que o milésimo a discutir o mesmo livro ou autor consagrado. A cultura digital foi um dos temas em que foi pioneira. Pouco importa se não domine as técnicas da programação ou do Excel ("chama um menino para ajudar"), para Heloisa o importante era enxergar os desdobramentos e possibilidades da nova linguagem. Sites como o Portal Literal, antologias como o *Enter*, exposições como a Blooks (books + blogs) e ciclos como o Oi Cabeça, que juntou Pierre Levy e Gilberto Gil para discutir a Internet das Coisas, marcaram sua pesquisa no campo da cultura digital. [**C.C.**]

Você fez o *Enter* mais ou menos naquela época, não foi?

Foi antes. O *Enter* foi um trabalho no período bem inicial da onda digital. Eu ainda não tinha um pensamento formulado sobre o mundo digital. Então era uma experiência meio tosca. Eu selecionei vários poemas, já considerando poesia várias práticas literárias não consideradas normalmente poesia, como o cordel, os quadrinhos, narrativas curtas e, óbvio, poesia-poesia, e pedi para os autores: vou publicar esse seu trabalho em texto e adaptado para alguma outra plataforma. Você faria isso? Todos adoraram. Então foram muitas as experiências em vídeo, em áudio, em movimento, em jogos gráficos impensáveis. Foi incrível na época. Me lembro que saiu até num jornal holandês. *Enter* teve depois uma outra edição ampliada. Mas ainda bem primitiva. Bem longe do trabalho seguinte que foi o *Poesia*, cerca de oito anos depois. *Poesia* era composto por nove poetas, entre novos e consagrados, sendo que apenas dois tinham experiência prévia na área da criação em meio digital. Chamei os poetas e pedi poemas já pensados e criados em plataformas digitais. Um programador de tecnologia da Coppe foi disponibilizado para os poetas. O resultado foi interessante, mas não correspondeu ao esperado. Acho que o digital ainda não encontrou o caminho para a tradução do emocional. Por mais belo que seja o poema eletrônico, uma lógica racional prevalece. É interessante isso. Eu fiz essa experiência com poetas que não pensavam nessa chave. Tinha, por exemplo, Ferreira Gullar com a vantagem de ter passado pelo concretismo. O concretismo tinha esse projeto de ir além da página, de ser verbivocovisual. Esses elementos me pareciam gritar por recursos tecnológicos. O poema do Gullar foi feito com movimento, ficou lindo, mas não me parece que ele tenha conseguido expandir a palavra que era a minha hipótese inicial. Não sei com isso vai funcionar nessa novíssima geração de nativos digitais.

Então você não acredita que o digital consegue acolher todas as formas de expressões?

Não, de jeito nenhum. Isso ficou claro para mim, porque eu fiz muita experiência digital e 80% delas acabaram rejeitando minhas hipóteses. Aí você percebe que poesia eletrônica é um gênero literário autônomo. Ele não depende nem vem diretamente da poesia. É uma outra coisa. Linda também, mas outra. Para a poesia como a conhecemos, o que o meio digital mais ofereceu foi visibilidade e divulgação. Você vende mais rápido um livro, você descobre um poeta mais rápido, tem os blogs, socializa, formam-se comunidades críticas, de poetas ou de fãs, possibilita um raio de alcance à poesia que ela nunca teve e isso é maravilhoso.

Mas você tinha pensado em publicar livros multimídia, não foi?

Sim. E eu fiz dois e também não deram certo. Deu um trabalho louco e ninguém sabe que existe. Agora voltei meu foco para o papel.

Você fez esse caminho de ida e volta por conta dessa sensação de que esses livros não aconteceram?

Pois isso é que é pesquisa. Aprendi para burro fazendo. Foram dois appbooks [livros aplicativos]: *Cultura em transe: Brasil dos anos 60* e *Os marginais: Brasil dos anos 70*. Juntei vários escritos meus sobre esses momentos, escrevi mais outros tantos e juntei tudo em textos corridos inserindo como hipertextos todas as fontes e material de pesquisa que utilizei durante o período de minha tese de doutorado e dos trabalhos que foram desdobramentos da tese. Ou seja, os mais de quinze anos que dediquei à pesquisa sobre a cultura de resistência à ditadura. Minha ideia era exibir e democratizar os bastidores de pesquisas que são ocultados nos textos que escrevemos. Como complemento e atualização fiz uma série de novos depoimentos dos protagonistas daquele momento, gravados em vídeos, e também acessíveis com um clique ao longo do texto. Então temos à mão, junto com o texto crítico, artigos acadêmicos, vídeos, filmes, revistas de vários tipos, jornais, fotos, cartazes, áudios antigos, obras de arte e tudo o que os leitores têm direito. Por exemplo, se eu cito um artigo você tem acesso ao artigo completo em *hiperlink*, se eu falo sobre o *Rei da vela*, você tem acesso ao material sobre a peça além de uma entrevista feita para o livro com Zé Celso contando como foi a estreia da peça; se você lê sobre o incêndio da UNE, vem o vídeo com a imagem de época... Na realidade, fiz um livro que é um banco de dados. Foi uma experiência e tanto! Agora estou preparando para publicá-lo em papel com alguns *QRcodes* para baixar imagens. As voltas que o mundo e as pesquisas sonhadoras dão... O que vejo é que, na realidade, a tecnologia do livro impresso é avançadíssima. Saímos de um rolo de pergaminho e passamos para um suporte de papel com uma funcionalidade de excelência. Você já pensou quantos séculos levamos para imaginar o melhor formato para um livro, o melhor aproveitamento do espaço da página, a criação de fontes com a melhor legibilidade, o genial sumário, a numeração de páginas? A leitura de um livro impresso é confortável, pé de página, índice, índice remissivo e tantos recursos que vivemos como naturais, mas que não são, são pesquisas, construções. O livro digital só mudou o suporte para termos uma portabilidade melhor, talvez um dicionário embutido, controle do tamanho da fonte, rapidez na entrega do produto e pouca coisa a mais. Uso muito o *ebook*, mas é impossível não reconhecer que a tecnologia propriamente do livro não mudou muito.

E como é o projeto da Biblioteca Virtual?
Foi um convite da Yone Chastinet, que é uma pessoa de uma inteligência e criatividade incríveis. Ela trabalhava no setor de tecnologia da informação do CNPq, pedi que ela idealizasse um aplicativo que apoiasse a pesquisa científica em termos de recuperação ágil de referências e informações. Ainda não havia o Google e a busca era lenta, difícil. Yone precisava propor um piloto sobre isso [1989]. E eu, correndo, me ofereci como cobaia. Criamos a Biblioteca Virtual de Estudos Culturais. Definimos bem o campo, seus atores e a produção científica nesse campo. Mobilizamos um número grande de bolsistas e técnicos e colocávamos tudo sobre cada um desses itens em formato de verbetes que se cruzavam mediante consulta. Levantamos tudo, todos os livros e artigos, todas os pesquisadores e suas pesquisas, um trabalhão. Você entrava na biblioteca virtual e procurava fulano-de-tal, ou tal tema, e aí vinha uma informação quase completa. Foram vários anos de trabalho que nos deram muita alegria. Tornou-se um polo de referência bilíngue. Dizíamos que a BV de Estudos Culturais inventou o Google Scholar.

O que que aconteceu com ela?
Morreu. Depois do Google não fazia mais sentido nenhum.

Essa viagem pelo digital teve um projeto muito interessante que foi o Portal Literal, que também foi um banco de informações, um banco de dados muito rico.
Sim. Foi um projeto da Conspiração Filmes, dos meus filhos, durante a bolha da internet. Eles investiram bastante na internet nessa época. O Portal Literal tinha um papel em branco amas-

sado na logo e dizia: "O melhor da literatura na internet". Éramos sete sócios: a Conspiração, Ferreira Gullar, Lygia Fagundes Telles, Zuenir Ventura, José Rubem Fonseca, Luiz Fernando Veríssimo e eu. Trabalhar com a Conspiração é forte, diferente da universidade. Tem que produzir resultado. O que sobe bastante sua pressão arterial...

O Portal também tinha a coluna De Olho Neles que ficou famosa.
De Olho Neles era uma coluna que indicava autores promissores ainda inéditos. Era de Marcelino Freire. Marcelino é fogo. Todas as indicações dele foram certeiras. Nenhum erro. Cabecinha de ouro a dele. A coluna era na revista do Portal, chamada *Idiossincrasia*. O nome é bom demais, escolhido por Luiz Noronha. Uma perfeita definição do ambiente literário que é movido a idiossincrasias.

Existe essa coisa interessante no que você faz, que é pegar pessoas que estão começando e, de repente, essas pessoas acontecem. Os jovens que trabalharam com você em sua maioria viraram escritores, críticos.
Ah, mas não é por minha causa, é porque eles já tinham potencial. Eu tenho um olho bom para saber quem tem ou não potencial. E se não dá certo, se é 171, preguiçoso, não colaborativo, mando embora logo no primeiro tempo do jogo.

Mas você dava um bom pontapé. O Omar Salomão, por exemplo, nunca tinha publicado nada.
Aí não! Omar sempre foi genial. Ele chegou via seu pai, Waly Salomão. Um dia ele me ligou e disse: quero muito que Omar trabalhe com você. Eu até pago o salário dele. Quem se deu bem fui eu. Omar é uma máquina de invenção. Fazia o *Aerograma*, informe da Aeroplano que ficou famoso. Ele colocava coisas impensáveis

junto com as notícias. Chegava um pouco atrasado demais porque "tava na praia", mas quando chegava, arrebentava. Até hoje Omar almoça na minha casa às quartas-feiras junto com os meus filhos. Uma paixão eterna.

Por que a editora se chamou "Aeroplano"?
Por causa de um poema modernista do Luís Aranha. Poema lindo que fala do espanto dele, olhando um aeroplano que acabava de ser criado. Totalmente perplexo e atraído pelos novos tempos modernos. O poema com a tipografia futurista original era material de divulgação e era mesmo um pouco do que a gente queria, o espanto e a atração pelo novo.

Você nunca teve medo de dispersão ao fazer tantos projetos ao mesmo tempo, ou esse é o projeto? Você não consegue fazer uma coisa só, não é? Há vezes que numa mesa como esta aqui, há um grupo trabalhando um projeto numa ponta e outro grupo trabalhando na outra ponta.
Sim. Num desses dias, após a reunião fui direto para o hospital. Na verdade, eu estava com gripe suína, febrão, e não queria parar.

Mas você faz questão que todas essas coisas fiquem direitas, geralmente seus projetos dão certo, têm reconhecimento, impacto.
Sorte.

Você também tem um traço em seu trabalho que é o desarrumar. Você termina um texto e diz "está fechado" e uma hora depois você manda uma mensagem dizendo "tá tudo errado". Tem uma coisa forte que parece um contínuo testar.
Minha metodologia de trabalho sempre foi tentativa e erro, minhas experiências com as tecnologias digitais não comprovaram

minhas hipóteses, mas aprendi muito! Talvez mais do que se todas tivessem dado certo.

O que você percebe de bom nesse momento tão difícil no país e no mundo?

Essa pergunta é de pura maldade. Não respondo!

Mas onde está seu olhar conhecidamente otimista?

Meio embaçado no momento... Talvez se fosse só no Brasil seria mais fácil, mas essa onda populista e conservadora está afetando o mundo inteiro. É lógico que o momento pede ação. Acredito pouco no fazer política através de reuniões, reclamações, panfletagem. Talvez por causa mesmo da idade, por ter passado por tantos traumas políticos, prefiro uma boa intervenção. No momento o que mais me ocorre é a urgência na educação. Pelo Laboratório da Palavra, estou planejando com Eduardo Coelho e Luciana di Leone cursos para a licenciatura com o objetivo de fortalecer e qualificar os futuros professores do ensino médio; tenho com Numa Ciro o Laboratório da Universidade das Quebradas onde este ano, estrategicamente, só estamos discutindo direitos humanos; tem a divulgação das ações e campanhas da Anistia Internacional, tem um curso online com Ilana Strozenberg para ativistas, o laboratório Universidade da Chegada para os refugiados, enfim não falta o que fazer "otimisticamente". Estou criando, com Beatriz Resende, o Laboratório de Teorias e Práticas Feministas, que pretende indagar: "Quem é o sujeito da ciência? Como se constroem os objetos de pesquisa? Métodos são sem gênero? Quais são as formas ideais do fazer científico?" E, sobretudo, "quais são as reais condições de questionar o coração duro da ciência?".

E sua relação com o que você chama de brincar de casinha? Esse fato de você mudar de casa com tanta frequência?

É o mesmo do que as outras coisas que faço: eu crio o espaço e depois o roteiro ou o projeto. Cada casa minha – e elas são bem diferentes –, eu faço uma obra grande, tipo tirar todas as paredes e depois pensar. E o projeto arquitetônico conversa com meu projeto de vida. Quando quero alguma mudança na vida, mudo antes de casa. Para mim é o cenário da vida que eu quero ter. E eu gosto muito de obra, construção para mim é uma escrita.

É que assim como você faz com o trabalho, você cria e larga, se desfaz de muita coisa com um desapego surpreendente.
Isso dá um alívio imenso!

E teve até um dia em que passou um caminhão de mudança no meio de uma entrevista...
Eu estava dando uma entrevista sobre Ana Cristina Cesar para um filme, no Cosme Velho, sentada num sofá de couro, cheia de móveis *art nouveau* meio falsos da Rua do Lavradio, que era minha mania na época e dos quais eu tinha enjoado. Chamei um lugar que chamava Lixo de luxo, e, durante a entrevista, parou um caminhão dessa empresa e três homens levaram praticamente a casa inteira, inclusive o sofá no qual eu estava sentada. A moça que estava filmando delicadamente não registrou seu espanto.

E tudo isso sem dor, não é?
Nenhuma! Esse último apartamento que eu vendi, vendi com metade das coisas dentro... Ficou tudo para trás.

Darcy Ribeiro foi uma forte influência na sua vida, não foi?
Total. O Darcy era incrível. Conviver e trabalhar com ele foi um privilégio. Conheci Darcy mais de perto como vice dele no sindicato de escritores. Para mim, foi o grande mestre. Eu sou feminista, mas todos esses homens, meus mentores, Darcy, Afrânio, são extremamente machistas e violentos, pode reparar. Todos.

Mas o Darcy tinha uma liberdade de imaginação que me escravizou. Trabalhei com ele no sindicato, nos Cieps, projeto lindo, acompanhei a construção do Sambódromo, estive junto quando ele assumiu a Secretaria de Educação do governo Brizola, fiz o roteiro para cinema de um livro dele chamado *O mulo* e mais coisas que devo estar esquecendo. Sinto que trabalhar com Darcy para mim foi uma pós-graduação em educação, e em como correr atrás do seu desejo. Quando ele me perguntou o que eu queria assumir na pasta dele, não hesitei, pedi o MIS. O Museu da Imagem e do Som que na minha de juventude foi um lugar formador. Nos anos 1960 o MIS e o Paissandu foram espaços culturais emblemáticos e promotores de encontros fundamentais. No curto tempo que dirigi o MIS realizei tudo o que sonhava. Por exemplo, vi no *Jornal do Brasil* que a mãe do Glauber Rocha, dona Lúcia, estava reclamando porque o Antonio Carlos Magalhães, então governador da Bahia, não estava querendo dar dinheiro para o acervo do Glauber, que iria se perder o "arquivo do maior intelectual da América Latina, do mundo", ela era eloquente... Recortei a notícia e liguei para o Darcy perguntando se seria possível trazer dona Lúcia e seu acervo para o MIS. Ele respondeu: liga <u>agora</u> para ela. Eu liguei e ela, a mulher mais esperta que eu conheci na vida, colocou como condição para a transferência do acervo, um emprego público para ela e para sua sobrinha que viria com ela. Darcy falou "estão nomeadas, podem vir". Em uma semana o Espaço Glauber estava criado. Com um chefe desses você perde o limite. Comecei a inventar coisas e coisas no MIS, e ele dando força total. E tinha as reuniões da Secretaria que eram incríveis, ele chamava especialistas do mundo todo para falar. Não eram reuniões burocráticas, eram puro sonho. Darcy estava de luto porque tinha acabado de perder seu projeto predileto que era a UnB, que passou a ser controlada pelos militares. Foi perda total do projeto original que era uma ousada inovação na educação de terceiro grau. Quanto à invenção dos Cieps, assisti passo a passo. O aproveitamento em baixo do Sambódromo para educação, as conversas de planejamento com Niemeyer, um privilégio para minha formação.

Quanto tempo você ficou no MIS?
Com Darcy trabalhei durante oito anos, no MIS fiquei só dois anos porque ganhei uma bolsa de pesquisa na Universidade de Columbia, em Nova York, que duraria três meses e acabou durando dois anos. Acabei ficando estudando e trabalhando lá. Nos anos seguintes fiquei alternando seis meses no Brasil e seis nos Estados Unidos dando aula em Stanford, Berkeley e depois na Brown.

Uma outra personagem que você admirou muito foi a Rachel de Queiroz.
Rachel, sim, também fascinante, oligarca, machista, mas sensacional. Marcou minha vida decisivamente. Eu era boba, parte de uma esquerda boba, achava que a Rachel era um monstro que havia colaborado com o golpe militar, que era da ABL, enfim, nada a ver comigo. Antonio Candido e a crítica silenciaram a Rachel por muitos anos como escritora modernista importante que ela foi. Eu era assim também. Rejeitava chegar perto da obra da Rachel. Aí fui para um encontro de mulheres escritoras no Nordeste e, no aeroporto, ela olhou para mim e deu um sorriso. Era um sorriso tão extraordinariamente maternal e acolhedor que eu pulei no colo dela e não saí nunca mais. A Rachel é uma figura e uma escritora maravilhosa. É a feminista *avant la lèttre* mais radical que eu conheço, mesmo odiando o feminismo como ela afirmava. Desde 1930 as protagonistas de seus romances são mulheres poderosas, valentes, independentes. Escrevi muito sobre ela e sua obra. Descobri outros sentidos da política, descobri questões impensáveis para mim até então de um Brasil profundo que eu desconhecia. Já muito próxima dela, acompanhei o dia

a dia de seu último romance, o *Maria Moura*, segundo ela um mix da cruel Rainha Elizabeth I e uma cangaceira do século XVI no sertão pernambucano. Ela pesquisou muito tempo para escrever *Maria Moura*. Por conta desse encanto por ela, pesquisei muito imagens e relatos sobre amas de leite e sobre as matriarcas nordestinas no Instituto Joaquim Nabuco, em Recife. Escrevemos juntas uma monografia chamada *D. Fideralina de Lavras, uma matriarca cruel do Crato na época republicana*. Duas vezes, em pé de guerra com João, meu marido, fugi e fui morar com Rachel. Ele me recebia perguntando: "Quer que eu mande matar?" e eu percebia um acento de realidade naquela promessa.

E você escreveu "O fardão da Rachel", que é um texto ótimo.
Na realidade o ensaio chamava "A roupa da Rachel: um estudo sem importância". Foi uma etnografia sobre a criação da versão feminina do fardão acadêmico que foi necessária porque, antes de Rachel, nenhuma mulher havia entrado na Academia Brasileira de Letras.

Sem importância? De jeito nenhum. Através do relato, sutilmente irônico, sobre o intenso debate suscitado pela escolha do fardão que a primeira mulher a entrar para a Academia Brasileira de Letras iria vestir na sua posse, Helô revela a verdadeira revolução que sua eleição representou para o lugar das mulheres no universo daquela instituição e nas hierarquias tradicionais do universo intelectual do país. Esse me parece ser um exemplo maravilhoso do que, hoje, Heloisa afirma ser uma epistemologia feminista. Um ponto de vista que percebe outros ângulos, outras importâncias. E por isso produz outras leituras do mundo. Mais sensíveis e humanas, talvez? [I.S.]

Você é feminista desde quando?
Sou ativista desde os gloriosos anos 1960, mas não me interessava minimamente pelas questões da mulher. Só quando fui para a Universidade de Columbia fazer meu pós-doutorado é que descobri esse admirável mundo novo. Cheguei bem no bojo da terceira onda feminista, aquela que invadiu teoricamente a universidade interpelando Freud, Marx, a Bíblia e produzindo interpelações e alternativas epistemológicas novíssimas. Sucumbi a essa onda e nunca mais fui a mesma. Criei núcleos de estudos sobre a mulher, fiz exposições, pro-

gramas de TV, publiquei artigos, livros, meu olhar havia mudado para sempre. Mesmo quando fui trabalhar prioritariamente com as periferias, esse olhar não arrefecia. É interessante como o feminismo é uma lente que altera sua visão de mundo. E quando essa lente fica subcutânea, ferrou. Participei muito dos movimentos acadêmicos feministas especialmente dos anos 1980 e 1990. Foi uma surpresa para nós, velhas feministas, exatamente quando sentíamos um declínio do feminismo entre nós, o aparecimento de uma onda gigante de novas lutas, com novas gerações, novas linguagens políticas. A luta das mulheres hoje é diferente, não é mais por reconhecimento. Hoje vemos uma luta por representação. O lugar de fala é um campo de batalha. As jovens abandonaram a questão da representatividade, acabaram-se as lideranças. Os testemunhos pessoais alavancavam suas demandas e mobilizações. A palavra foi sendo conquistada e começam a se expressar num tom altíssimo. O corpo, no meu tempo, objeto de vitimização, tornou-se plataforma de comunicação.

Sobre o que você está escrevendo agora?
Quando escrevi o *Explosão feminista* vi que nenhuma daquelas jovens tinha noção do que tinha acontecido no feminismo antes. Nem do que aconteceu na área da cultura, cinema, televisão de mulheres, nada. E descobri que eu também sei muito pouco, e olha que eu fui dessa geração! Me obriguei então a parar tudo e fazer essa história. Esse livro será com Jacqueline Pitanguy e Branca Moreira Alves, protagonistas do movimento feminista dos anos 1970 a 1990. Elas estão responsáveis pela história do ativismo e eu estou escrevendo o impacto do feminismo sobre a cultura e a produção acadêmica. Tenho feito entrevistas com cineastas, artistas, escritoras. É todo um mundo submerso. Helena Ignez, por exemplo, é a história viva da cultura desse período. Sensacional.

E você se lembra de algum projeto que você queria muito realizar e não conseguiu?

Foram muitos. O mais recente que ainda dá um amarguinho na boca é o da Biblioteca José de Alencar, da Faculdade de Letras. Sonho com um projeto como o das Bibliotecas Parque, toda aberta para o campus, servindo a toda a comunidade acadêmica do Fundão, com salas bem equipadas para oficinas, aulas, debates, conferências, leitura, com videoteca, restaurante, tudo isso lindo, capturando e agregando usuários. A Biblioteca José de Alencar é a maior da América Latina em literatura. E, inexplicavelmente, é um espaço sem carisma. Chamei a Bel Lobo, chamei a Vera Saboya, responsáveis pelo projeto das Bibliotecas Parque do Estado, fizemos um projeto deslumbrante, mas ninguém se interessou. Nem na pauta de reuniões de departamento ou congregação da faculdade entrou. Morreu na praia antes que eu pudesse defender minha ideia. Fico sozinha, resmungando.

Mas tem verba para isso?

Isso é o de menos, você arranja, qualquer projeto bom arranja apoio. Se você inventa um projeto inovador, importante, é óbvio que o dinheiro aparece. Mas acho que a universidade tem problemas com a beleza. Considera politicamente incorreto. Já eu acho que as escolas deveriam ser os prédios mais lindos da cidade. Tínhamos que investir na beleza, as escolas tinham que ser espaços lindos, planejados por grandes arquitetos, aí tudo fluiria melhor, porque o ambiente fala.

Este livro é sobre seus oitenta anos. Saiu outro quando você fez setenta. Isso é uma preocupação com efemérides? O que que é esse tema para você?

Não, o *Escolhas*, que foi lançado quando fiz setenta, foi uma invenção do Ramon [Nunes Mello]. Este agora, da Ciça [Ana Cecilia Impellizieri Martins]. Esse tema para mim é morte, é pânico.

Você acha que tempo é isso? Ele sempre te leva para esse lugar?
Claro. Nesse momento isso está me gerando compulsão, uma corrida meio ridícula contra o tempo. Só nos últimos seis meses, publiquei três livros e estou escrevendo mais dois. O nome disso é pânico.

Mas você pensa na morte?
Eu estou escrevendo um livro com a Branca [Moreira Alves], sobre a segunda e a terceira ondas do feminismo. Ela tem oitenta anos e eu estou quase lá. E aí a gente estava conversando sobre o tempo e falei: "Temos que acabar isso rápido!". Porque estamos filmando com a Helena Solberg todo mundo que viveu esse momento e entrevistando para o livro; e estamos filmando porque essas pessoas são velhas: "Vamos filmar todas antes que morram". Mas todo mundo tem a nossa idade. Aí eu falei: "Branca, você acha que você vai morrer?", ela disse "não". Perguntou para mim, eu também disse "não". Falei: "Caramba! A gente está filmando as nossas irmãs, nossas amigas de geração, porque vão morrer, mas nós duas não vamos morrer." É porque esse assunto para mim não está mesmo em pauta.

Nem os oitenta anos?
Não. Não cai a ficha. Não cai mesmo.

Mas será que não é exatamente essa noção da finitude o seu motor para fazer milhares de coisas?
Não, meu motor é o empreendedorismo; eu acho que quando eu penso em uma coisa e sinto que ela tem que acontecer, eu faço ela acontecer. Acho que é nisso que acredito.

HELOISA BUARQUE DE HOLLANDA

TEXTOS

SONHAR ALTO MINHAS PESQUISAS

Aula inaugural apresentada em 20 de fevereiro de 2014, na Faculdade de Letras da UFRJ.

AULA INAUGURAL

Seria mentira eu dar uma aula ou conferência aqui como se nada estivesse acontecendo. É mais sério do que uma aula. Estou voltando à Faculdade de Letras e sendo recebida com pompa e circunstância. Portanto, esse é um momento único para mim. E por isso eu agradeço emocionada às artífices desse convite que suspeito terem sido Eleonora [Camenietzki] e Martha [Alkimin], amigas e parceiras. O que vou fazer aqui é ouvir o meu desejo hoje. E meu desejo é contar o que aconteceu desde que saí daqui, os desafios que enfrentei, as pesquisas que sonhei, as perguntas que fiz e minha ligação quase histérica com aquelas que não consegui responder.

Na realidade, nada de muito especial aconteceu depois que saí de Letras, indo para Comunicação, passando pelo Fórum de Ciência e Cultura (FCC) e chegando hoje aqui de volta. Mas como hoje pretendo me reapresentar para alguns e me apresentar para os outros, aqueles com os quais não convivi no passado, é importante o relato desses caminhos. Escolhi para isso a persona do narrador viajante, o marinheiro benjaminiano. Tenho certeza de que todos aqui se lembram do ensaio "O narrador" e da defesa ferrenha que o autor faz de nossa faculdade de intercambiar experiências. O ensaio fechava uma das partes assim: "O dom

63

do narrador é poder contar sua vida; sua dignidade é contá-la inteira."

Por uma questão de tempo e oportunidade, abro mão da minha dignidade e vou contar apenas uma fatia da minha vida, aquela que pertence à minha origem em Letras. E o faço por escrito, coisa que não pratico há tempos, o que mostra a importância desse momento para mim.

Por motivo que a esta altura já esqueci, escolhi e me graduei em Letras Clássicas. Durante o curso, li e reli as obras de praxe do universo greco-latino, mergulhando sem máscara nem bala de oxigênio – portanto passível de falta de ar –, num mundo meio mágico e muito magnético que é a literatura e a poesia clássicas. Foi esse universo que fez minha cabeça e me inoculou com uma ideia de literatura que não se identifica com aquela que experimentamos hoje, a literatura no sentido moderno do termo.

O caso da *Ilíada* e da *Odisseia*, para pegar apenas um exemplo óbvio, já coloca de imediato o susto com a figura e com o valor do autor, função estruturante da literatura como a percebemos hoje. Seria Homero um intérprete (rapsodo) ou um autor? Como avaliar a autenticidade na criação épica se ela tem todas as características de um remix de mitos e lendas? E o caso das funções da poesia, ainda mais complexas a partir desse ponto de vista? Como proceder criticamente – trazendo nossas questões e dores atuais de interpretação – diante de textos como esses? Naquela época – de estudante de Letras Clássicas – nenhuma dessas questões me perseguia ainda, mas certamente gravaram-se de forma definitiva no meu DNA teórico. No meu tempo de estudante de Letras, havia uma variável forte e que competia com o mundo greco-latino: estávamos na década de 1960. Então, os sonhos e o forte *input* político daqueles anos me sequestraram temporariamente e adiaram por um bom tempo essas questões. Me atirei num cenário de euforia, rebeldia e utopias que terminaram por me arrastar quase à força para a literatura brasileira, em que eu via, na época – é claro – um potencial crítico sanguinário.

Entrei em Letras como professora de literatura brasileira em 1965, assistente de Afrânio Coutinho, meu orientador no mestrado e doutorado. Minha tese de mestrado foi claramente um rito de passagem entre meus estudos clássicos e o Brasil dos anos 1960. Escolhi como objeto *Macunaíma* – o deus amazônico da mentira –, a mais ambígua, híbrida, apaixonada e equilibrista obra da literatura brasileira. Em *Macunaíma* não encontrei nem mesmo um romance ou uma novela para trabalhar em paz e com segurança, mas uma rapsódia, feita de fragmentos e reordenações, tradução e traições múltiplas. *Macunaíma* inaugurou minha falta de chão. Eu tinha, diante de mim, para fazer uma dissertação acadêmica, uma narrativa e um herói que nunca se definiam, ou melhor – e mais sensacional ainda – um texto que adia indefinidamente sua definição. O que me interessou nesse livro, e que tem a ver com minha herança dos estudos clássicos, foi sua estupenda costura e articulação quase randômica dos mitos amazônicos colhidos – disciplinadamente, e durante anos, na Venezuela, Brasil e Guiana Inglesa – pelo etnólogo alemão, Theodor Koch-Grünberg.

Fui atraída pelo lado sinfônico, dialógico e, digamos, numa ousadia irresponsável, antiautoral de Mário de Andrade. Não deixei também de lado o filme de Joaquim Pedro de Andrade, releitura política com forte acento conjuntural e transgressor da rapsódia modernista. Eu havia me metido numa sequência de adaptações, traduções, deslizes de linguagens, imprecisões de sentido que me apaixonaram e me fizeram perder definitivamente meu chão e meu rumo.

Dessa dissertação, levei para minha vida as questões da tradução, do potencial produtivo do caos e da imprecisão. *Macunaíma* era incrivelmente inaugural, uma obra cujo autor se apresenta como apenas um articulador de discursos. Uma obra que define o caráter brasileiro a partir de um personagem venezuelano. Uma narrativa que dispensa as convenções de espaço e tempo em favor da simultaneidade de vozes e universos simbólicos. Óbvio que nesse momento meu coração foi invadido por três teóricos, que me deram um mínimo de rumo e de juízo: Walter Benjamin, Roland Barthes e Mikhail Bakhtin. Foi o meu BBB teórico inicial e meus ex-alunos aqui presentes podem dar testemunho de como foram massacrados pela leitura obsessiva desses três Bs.

No doutorado, meu orientador foi novamente Afrânio Coutinho – e hoje vejo que sem a cumplicidade dele talvez meus caminhos não seriam esses que trilhei. Apoiada pelo Afrânio, adentrei para sempre nas margens imprecisas do cânone com a tese *Impressões de viagem*, escrita como uma quase biografia impressionista. O tema dessa vez foi a poesia marginal que se afirmava na época como uma poesia antiliterária, improvisada e descartável. A reação à tese não foi muito prazerosa. Foi bem negativa, o que confirmou o veto acadêmico a tudo aquilo que fugisse ao... específico literário. Consegui dar foco e definir com mais contornos a pergunta que permeia tudo o que fiz desde então. A pergunta "O que é literatura?" havia se instalado na minha agenda teórica para sempre.

Hoje parece estranho, mas naquela época, anos 1970, quando a pós-graduação em Letras apenas engatinhava, todo um campo empírico de pesquisa que me atraía era vetado às teses ou às pesquisas acadêmicas. Não eram, na época, dignos de estudo os diários, correspondências, biografias ou a literatura vista sob a ótica das relações de gênero, ainda conhecida como "literatura de mulheres". A isso se chamava de literatura menor, mais afeita aos estudos de comunicação, ou como fonte interessante para disciplinas como História ou Antropologia. Esse era o caso da poesia marginal, tema de meu doutorado e que Afrânio legitimou com sua orientação. Fui para a defesa pensando que a banca fosse arguir nessa direção, mas minha arguição não chegou nem lá. A banca parou na primeira frase da tese – "Ainda me lembro do calor dos anos 1960" – e elaborou grandes textos sobre a inadequação de uma perspectiva impressionista num trabalho acadêmico. Dessa vez, às questões que *Macunaíma* havia me trazido, agreguei a importância de um estudo cuidadoso daquilo que estava sendo recusado como literatura.

Foi um alívio quando li uma entrevista de Mikhail Bakhtin sobre os impasses do formalismo russo, para a revista russa *Novy Mir*, dada em 1972. Nessa entrevista, Bakhtin criticava severamente a ênfase que vinha sendo dada à busca das especificidades da literatura, preterindo as questões da interdependência das várias áreas da produção cultural. Bakhtin reforçava sua crítica ao formalismo russo, afirmando ainda que a ausência de articulações mais concretas entre a literatura e o contexto global da cultura estaria promovendo a marginalização da própria ideia de literatura.

Ainda nessa entrevista, Bakhtin chamou atenção para a flutuação histórica das fronteiras das áreas da produção cultural e como a vida cultural mais intensa e produtiva ocorria sempre nas fronteiras e não nos espaços onde essas áreas tornam-se encapsuladas em sua própria especificidade.[1]

Foram vários os campos de pesquisa que persegui, desenhados com essa convicção em mente. Foi o caso dos estudos feministas que desenvolvi nos anos 1980, bastante baseado no trabalho epistemológico de Sandra Harding, que articulou na área da ciência o conceito de "experiência" como categoria de análise, que demonstra rigorosa e cientificamente num *tour de force* teórico apaixonante. Ou o texto lindo de Maria Odila Leite da Silva Dias, historiadora da USP e herdeira de Sérgio Buarque de Holanda, de quem foi assistente até a morte, que fala de como potencializar a instabilidade das categorias nos estudos feministas. Nos anos 1980, a emergência dos estudos de gênero nas ciências, na psicanálise, teologia, história e letras foi um momento de alto impacto epistemológico que acelerou a desestabilização dos paradigmas modernos da segunda metade do século xx. Viver esse momento foi de uma riqueza absurda. Era participar de uma aventura teórica irrecusável. Uma aventura de desconstrução (com o perdão da palavra) das linguagens e sistemas de poder, guiada, muitas vezes, pelo pensamento de dois teóricos que foram fundamentais para as teorias feministas: Michel Foucault e, mais decisivamente ainda, Jacques Derrida. Foram quase vinte anos dedicada aos estudos de gênero e étnicos, sempre fiel à observação das bordas, dos horizontes imprecisos. E a cada nova investida, a pergunta "O que é literatura?" se recolocava.

Lidando com a poesia contracultural, com os gêneros considerados menores, ou com a literatura da periferia e a literatura digital – os focos atuais de meu trabalho –, e me encantando cada vez mais com eles, eu não conseguia mais aceitar uma ideia única de literatura. Mas como lidar praticamente com isso? Lembrei de Barthes que disse uma coisa genial: "Sempre consigo sair de um embaraço intelectual por uma interrogação dirigida ao meu prazer." Foi o que fiz.

Me muni de um orelhão, abandonei no caminho e deixei para trás minha objetividade, como havia feito Macunaíma com sua consciência, e tentei ouvir muito, prazerosamente, compulsivamente. Deixei meus objetos falarem alto, e investi nas afinidades eletivas da minha memória teórica. Eram muitas vozes que se confundiam e se harmonizavam no meu projeto de atenção máxima – ainda que flutuante – de escuta do outro. Era uma mistura de objetos e de sujeitos de pesquisa, de *inputs* teóricos e de desejos. Na minha mesa, uma nuvem de *tags* me conduzia. Enquanto lia o "Manifesto da antropofagia periférica", do poeta Sérgio Vaz, um cover radical do Manifesto de Oswald de Andrade se espalhando barulhento pelas ruas das periferias de São Paulo, ou quando me via viciada nos sites de *fan fiction* onde milhares de adolescentes, agrupados em comunidades criativas, reescreviam e reinventavam os textos Machado de Assis – para mim, a grande novidade das práticas literárias da internet. Eu tentava associá-las às questões que me perturbavam: literatura, fronteiras, autenticidade, comunidades estratégicas, autoria, tradução, tradição, poder, exclusão, alteridade e ficava perturbada com a voz de Derrida que não me deixava em paz dizendo: "A literatura é a coisa mais interessante do mundo, talvez mais interessante que o mundo." Eu adorava, mas ao mesmo tempo sabia que não estava entendendo completamente o que Derrida estava querendo dizer e me abrigava em Barthes, menos abstrato, explicando a literatura como o único escape para enfrentar as formas de poder da linguagem. Ele dizia, charmosíssimo: "Essa trapaça salutar, essa esquiva que eu chamo literatura."

Ao mesmo tempo, estudando e tentando entender a natureza da linguagem da web, T.S. Eliot aparecia do nada com sua sacada pós-moderna: "Poetas imaturos imitam, os maduros roubam.", mas vinha acompanhado de Virginia Woolf, representando, nessa confusão, a objetividade que só as mulheres têm. Dizia ela com autoridade: "Uma mulher deve ter dinheiro e um quarto só dela, se quer escrever ficção."

Não sei por que, mas nessa hora me vinha uma saudade danada do Cacaso, que aparecia em plena forma me chamando atenção para a pouca/muita importância da poesia com um versinho típico de sua ironia poética: "Passou um poeminha voando, ou foi uma gaivota?"

Confusa, mas atenta, tento aprofundar a questão da alteridade, do *diferendo* derridiano, um conceito que foi precioso para mim e que já tinha sido antecipado há tempos na época em que mergulhei na imaginação dialógica de Bakhtin, da qual me ficou uma citação que nunca abandonei: "Vivo num mundo de palavras do outro." Essa ideia voltava e voltava. Eu a encontrava também na poesia, nos versos de Ferreira Gullar, no lindo "Traduzir-se", quando escreve: "Uma parte de mim é todo mundo.", e em Rimbaud que radicalizava em versos: "*Je est un autre.*"

E as vozes prosseguiam até serem interrompidas por Mário de Andrade, que retornava cheio de razão fazendo uma autocrítica feroz de sua atuação aristocrática como modernista em 1922. Eu o usei vida afora como um sinal de alerta sempre piscando.

Com a cabeça meio zonza, fui atrás do bom e velho Marx, que me deu uma dica decisiva: em caso de perigo, historicize! E assim, entre *tags* que me inspiravam e a fé no valor da História – chave de interpretação marxista –, que enfrentei as duas potências emergentes que se configuravam no horizonte do século XXI: a cultura da periferia e a cultura digital.

Logo de cara a literatura hospedada na internet me trouxe de volta e em primeiro plano a questão da autoria e das convenções literárias que eu havia abordado apressadamente nos meus tempos de Letras Clássicas. Entrei no mundo dos novos formatos narrativos, da criação de universos em detrimento de enredos, do deslizamento "natural" do autor entre gêneros de toda a espécie, da presença efetiva do leitor que agora se vê como curador, e, principalmente, das formas de autoria flexíveis, que fariam a felicidade do meu mestre Bakhtin, que, infelizmente, não está curtindo essas reconfigurações radicais nos territórios das lógicas e dos valores da literatura.

É importante eu dar uma parada aqui e sublinhar uma observação: não penso, nem estou dizendo nada que possa lembrar a ideia de que a literatura, tal como a experimentamos hoje, está decadente ou mesmo que corra o risco de se transformar estruturalmente por conta das novas práticas literárias da web. Ao contrário, acho que, como no caso das artes plásticas diante do surgimento da fotografia, a pintura se libertou do pesado compromisso de registrar a realidade e se permitiu partir para o impressionismo e para a grande arte moderna, para dar um único exemplo entres tantos possíveis que lidam com a chegada de novas tecnologias no campo das artes. Porém, reconhecer a possibilidade de um horizonte de crescimento da arte literária não pode minimizar o interesse que desperta esse imenso laboratório experimental da palavra em plena ebulição no universo da web, e reconhecer que provavelmente estamos assistindo ao nascimento de um novo gênero narrativo e expressivo ainda não nomeado.

Mas o que mais me pegou nesse novo universo digital foi mesmo a questão da autoria e da autenticidade. Hoje essa é uma questão prioritária no direito (*Creative Commons*), mas começa a trazer uma certa inquietação no nosso campo de Letras.

Lembrando do meu compromisso com a perspectiva historicizante, corri atrás da arqueologia da própria ideia de autoria e pude ver a fragilidade do DNA dessa ideia.

Estudei as leis *Copyright* (inglês) e do *Droit D'auteur* (francês) e as milhares de ações judiciais em torno do direito privado e do direito público em relação às obras literárias. Se acompanharmos no tempo, podemos ver claramente uma linha cristalina e reta que mantém essa discussão desde o surgimento da função-autor – o genial *insight* de Foucault sobre a invenção da autoria. Podemos ver isso tanto no debate público, acompanhando a história judicial dos direitos autorais ou nas antecipações, desde os anos 1960 até a nossa crise de hoje, pelos inúmeros escritos teóricos a respeito da desestabilização ou da morte do autor e das desestabilizações da ontologia da literatura tal como foi conformada pela experiência moderna.

Foi assim também que me aproximei da literatura da periferia, ou literatura marginal, que me trazia de volta a lembrança da poesia marginal que foi onde, nos idos dos 1970, essa pergunta se consolidou na minha agenda de pesquisa.

Se a ideia de autor posta em destaque pela criação na web é um ponto crucial de preocupação para mim hoje, a literatura de periferia me trouxe de volta a questão do poder, repaginada, e me exigiu a redefinição de meu papel como intelectual. Como lidar com essa literatura que vem de fora, rouca, potente, que percebe a palavra como fonte de poder, que traz um projeto transformador explícito e bem diferente da literatura política como a conheço, que coloca na mesa as figuras do artista cidadão e de um novo leitor responsável pelo destino de sua comunidade, que tem um idioma próprio, uma levada desconhecida, um ritmo sincopado que ousa usar a literatura não mais como expressão de uma subjetividade individual mas como recurso de inclusão social e geração de renda, mexendo nos valores e na própria função social da criação literária e que ainda quer "arrombar o cânone", entrar e ser reconhecida como literatura com L maiúsculo na série literária?

Não havia outra saída a não ser abrir mão de meu papel pedagógico de intelectual política dos 1960 e descobrir novas formas de me colocar como interlocutora dessa nova palavra. Uma bela autocrítica caiu bem nessa hora. Não era mais o caso do intelectual ao "lado do povo", que irritou Benjamin na época do nazismo, nem era o caso do intelectual revolucionário e libertário dos anos 1960, que queria moldar o mundo com sua imaginação, nem ainda do intelectual mediador e negociador das ONGs dos anos 1980. Eu sentia que tanto a figura do intelectual orgânico quanto do intelectual tradicional gramsciano estavam chegando ao fim. Foi nesse momento que percebi que a militância estava surgindo como algo fundamental na minha trajetória.

Tentei várias frentes à procura de minha posição nesse novo campo de forças: uma experiência editorial criando e conduzindo a coleção *Tramas urbanas* – na qual os protagonistas na cena cultural periférica narravam suas experiências de próprio punho, e onde nos encontrávamos na disputa em torno do "erro" (sensacional); testei também curadorias compartilhadas com artistas da periferia nas exposições *Estética da periferia*, em que me vi naufragando em preconceitos dos anos 1960, e descobrindo, muito lentamente, o trabalho sistêmico com a biodiversidade de fazeres e saberes como instrumento político e de produção de conhecimento. Investi nela. E redescobri tardiamente a importância de um elo de minhas preocupações que ainda não tinha se configurado para mim como objeto de pesquisa, um objeto que eu sempre detestei e amei com o mesmo vigor, a universidade como bem público. Na minha cabeça, duas perguntas começaram a se misturar de forma indissociável. Percebi a fragilidade da questão "O que é a literatura?" e me amarrei na potência da pergunta "O que é a universidade?".

Não resisti e criei um projeto de extensão ao contrário, ou seja, uma extensão de fora para dentro, a Universidade das Quebradas. E constituímos um laboratório com formas alternativas de pesquisa, de acesso às diversas formas do conhecimento e de formação dialógica. Passei a rever sistematicamente a ideia de uma monocultura do saber e de uma hegemonia da ciência moderna e da alta cultura, e a me concentrar na questão da legitimidade dos saberes marginalizados por essa mesma hegemonia. Para isso foquei na leitura dos estudos de Félix Guattari e Boaventura de Sousa Santos, que formatavam a noção de ecologia dos saberes, a partir da qual se propõe uma revolução epistemológica dentro da universidade.

Tentamos criar uma comunidade epistêmica mais ampla, que transformasse o espaço público da universidade num espaço de interconhecimento onde os cidadãos e os grupos sociais possam intervir subvertendo a posição passiva de estudantes.

Para isso era necessária a reorientação solidária universidade-sociedade, reforçando um dos mais importantes direitos desse início de século que é o direito de ser ator. Ou, como diz Hannah Arendt, "o direito de ter direitos", que me parece ser o que é reivindicado hoje nas ruas. E para isso é preciso muita imaginação epistemológica e muita imaginação democrática. Essa história não acabou. Pelo contrário, sinto que estou recomeçando como nos idos de 1965 quando comecei a dar aulas aqui em Letras. Algumas diferenças existem. Estou muito mais velha, aposentada (à força, confesso), com menos hormônios, menos euforia, mas sinto que com muita garra, uma garra diferente, que se traduz, digamos, num apaziguamento na minha capacidade de agir. Descobri com Antonio Negri também um paradoxo que consola: "Na velhice é possível viver mais."

É assim que chego aqui, com uma vontade enorme de trabalhar, inventar, ficar de bobeira e agregar todos vocês na minha nova sala lindíssima do PACC que Martha e Eleonora inventaram. Obrigada.

NOTA

1 "Response to a Question from Novy Mir Editorial Staff", in *Speech Genres & Other Late Essays*, Caryl Emerson e Michael Holquist (orgs.), Austin: University of Texas Press, 1987.

A ROUPA DE RACHEL: UM ESTUDO SEM IMPORTÂNCIA

Publicado originalmente na Revista *Estudos Feministas*, vol. 0, n° 0, 1992, p. 74-96. A autora agradece a Valéria Lamego e a Alessandra Lariu pela colaboração e pelo entusiasmo com que acompanharam este trabalho e ao CNPq pelo apoio a esta pesquisa.

Fácil fama

O primeiro escrito de Rachel foi sintomático e definitivo. Tendo se mudado de Fortaleza para o sertão em janeiro de 1927, e já viciada em jornais, lê a notícia da eleição da nova Rainha dos Estudantes, a jornalista Suzana de Alencar Guimarães. Irritada com o estilo "feminino" e pseudolírico da Rainha (que se assinava Marquesa em suas crônicas), escreve para o diretor do jornal, ironizando o concurso – e a candidata vencedora. A carta, assinada sob pseudônimo, fez sucesso instantâneo e promoveu, na cidade, uma busca cerrada para desvendar quem seria Rita de Queluz. Mas, como nos filmes, uma pista fora deixada. Rachel é descoberta pelo carimbo Estação de Junco no selo da carta, e é imediatamente convidada a trabalhar no jornal *O Ceará*. Estava lançada a sorte de Rachel de Queiroz.

Aos dezessete anos, já colaboradora de *O Ceará*, publica *História de um nome*, romance em folhetim, escreve a peça de teatro *Minha prima Nazaré*, participa de jornais literários e arrisca algumas poesias. Em 1929, escreve seu primeiro romance, *O quinze*, que repercutiu bem para além das fronteiras cearenses. Augusto

Frederico Schmidt e Alceu Amoroso Lima, no Rio, e Artur Mota, em São Paulo, saúdam, com entusiasmo, sua estreia literária.

Rachel, assim, de uma feita, aos vinte anos, se torna figura pública e nome nacional. Diariamente recebia cartas, telegramas, pedidos de livros, e encontrar retratos seus em jornais e revistas não a surpreendia mais. Quando viajava, era constantemente assediada pelos intelectuais locais e, em uma dessas ocasiões, como prova de admiração, Luís da Câmara Cascudo fez um recital a bordo em homenagem à jovem escritora. "Era como se eu tivesse sido eleita Miss", conta, lembrando a repercussão de seu primeiro romance.

Mas, se a escritora não se admirou com esse rápido e fulgurante reconhecimento, não se pode dizer o mesmo de seus padrinhos literários. Em "Uma revelação – *O quinze!*", publicado em *Novidades Literárias,* em 18 de agosto de 1930, Schmidt que, como tudo indica, a "descobriu", explicita seu entusiasmo com a revelação de um grande escritor brasileiro, inteiramente desconhecido, mas – já que não vê no livro "nada que lembre, nem de longe, o pernosticismo, a futilidade, a falsidade de nossa literatura feminina" – admite abertamente uma forte suspeita de que d. Rachel de Queiroz fosse apenas um nome escondendo outro nome.

A mesma dúvida foi confessada por Graciliano Ramos quando escreveu sobre *Caminho de pedras* alguns anos mais tarde. Diz ele: "*O quinze* caiu de repente ali por meados de 1930 e fez nos espíritos estragos maiores que o romance de José Américo, por ser livro de mulher e, o que realmente causava assombro, de mulher nova. Seria realmente de mulher? Não acreditei. Lido o volume e visto o retrato no jornal, balancei a cabeça: não há ninguém com este nome. É pilhéria uma garota assim fazer romance! Deve ser pseudônimo de sujeito barbado."

Rachel, fleumática, não entrava no mérito das inquietações que sua obra estimulava nos corações masculinos. Em vez disso, enviava o romance para uma lista de cem críticos e escritores, entre eles, o então polêmico Graça Aranha, que defendia os novos ventos modernistas, em guerra aberta contra a Academia Brasileira de Letras (ABL).

Em março de 1931, o Prêmio Fundação Graça Aranha era conferido pela primeira vez e contemplava Murilo Mendes na categoria poesia, Cícero Dias na pintura e Rachel de Queiroz no romance. No momento de sua morte repentina, Graça Aranha, sentado, relia *O quinze*. No Museu Graça Aranha, alguns anos mais tarde, essa cena é reconstituída: *O quinze*, aberto na página 32, pousado no braço da poltrona na qual morreu o escritor.

Depois da premiação, o romance passa a ser disputado pelos editores para uma segunda edição. Rachel escolhe a Editora Nacional. Hoje *O quinze*, escrito aos dezenove anos, encontra-se na 48ª edição,[1] lido por mais de 100 mil pessoas e é unanimemente considerado um clássico na história da literatura brasileira.

Sobre esse sucesso instantâneo, diz Rachel: "O livro explodiu mesmo. Mas foi muito bom porque eu sempre tive a cabeça no lugar, nunca me deixei levar muito por aquele barulho, era comunista e, no fundo, queria mesmo era destruir toda aquela sociedade, inclusive a Editora Nacional."

Quarenta e oito anos mais tarde, no dia 4 de novembro de 1977, Rachel de Queiroz, autora de cinco romances, duas peças, oito livros de crônicas, traduções em inglês, francês, alemão, polonês e japonês, cinquenta anos de colaboração regular na imprensa e tradutora de 47 livros, era recebida na Academia Brasileira de Letras por Adonias Filho para ocupar a cadeira número cinco, fundada por Raimundo Correia.

Foi a primeira mulher a entrar na Academia e nunca se saberá verdadeiramente se a enorme festa nacional em torno dessa posse dizia respeito à vitória definitiva das mulheres e à queda de um dos mais severos bastiões da cultura brasileira, ou se era apenas mais um feito "natural" e ocasional de Rachel de Queiroz. Penso que se pode arriscar alguns palpites a respeito. Entre os vários campos de observação que nos oferece o enigmático cruzamento da singularidade da carreira profissional de Rachel de Queiroz e dos históricos obstáculos ao reconhecimento profissional das mulheres, especialmente na primeira metade do século, escolho sua vitória contra o artigo 2 dos Estatutos da Academia Brasileira de Letras que, ao ser fundada, estabeleceu que "só poderão ser membros da ABL os brasileiros natos", sentença cuja interpretação ortodoxa por parte dos acadêmicos desafiou as regras mais elementares da concordância gramatical, ao definir que a flexão masculino plural da palavra "brasileiros" não incluía o conjunto feminino (brasileiras) + masculino (brasileiros).

La grammaire a son mystère (uma digressão necessária)

A polêmica em torno da presença da mulher na Academia Brasileira de Letras, porém, não constitui exatamente uma novidade. Sabe-se que, nas reuniões preparatórias para a criação da ABL, Lúcio de Mendonça, reconhecido como o verdadeiro fundador da Academia, era partidário da presença feminina no rol dos acadêmicos, posição explicitada em um artigo no *Estado de S. Paulo*. Além disso, o nome de Júlia Lopes de Almeida, na época uma romancista bastante respeitada e reconhecida, foi seriamente cogitado para figurar entre os fundadores da casa. A seu lado, entre as conjecturas para a lista dos membros correspondentes, figurava também o nome de Francisca Júlia. A ideia, entretanto, foi rejeitada pela maioria conservadora dos participantes das reuniões preliminares. No lugar de Júlia, então primeira dama de nossa literatura, ficou seu marido Filinto, que fazia versos de mérito relativo e não era "brasileiro nato", mas mostrou um cer-

to senso crítico – e de humor – ao se autointitular, "o acadêmico-
-consorte".[2]

Dizem que Júlia Lopes de Almeida, assim como suas contemporâneas, não havia protestado por sua extrema modéstia ou por ter preferido que tal honra recaísse em seu marido. Uma posição no mínimo prudente em uma época em que as mulheres eram admitidas excepcionalmente – e pela porta dos fundos – em concertos e espetáculos públicos, como comprovam as normas do Clube Beethoven, do qual Machado de Assis era membro diretor, ou eram ridicularizadas quando se aventuravam a exercer profissões liberais, como bem exemplifica a peça *As doutoras*, encenada em 1889, do acadêmico França Júnior. Provavelmente, por saber reconhecer, agradecida, a expertise com que Júlia soube ser, em vida, a "sombra por trás da cadeira número três", a Academia, depois de sua morte, não poupou homenagens e testemunhos de apreço a seu "enorme valor literário". Sessões especiais dedicadas à lembrança e ao elogio à obra da escritora acompanharam as atividades da Academia, ano a ano, até a morte do próprio Filinto, em 1945. Era como se fosse, de fato, visível e legítima a presença de Júlia na cadeira número três enquanto ocupada pelo acadêmico-consorte. Essas homenagens anuais comportavam de referências lamentosas ao "simples preconceito que afastou-a da Casa",[3] aos recitais do Clube das Vitórias Régias, quando "as figuras mais representativas do mundo intelectual e artístico feminino" ocuparam as cadeiras numeradas da ABL interpretando páginas de Júlia Lopes de Almeida e até mesmo à construção de uma herma para ela, "a maior das nossas romancistas". Por sua vez, o saudoso Filinto deixou em testamento 100 mil cruzeiros para a criação do prêmio Júlia Lopes de Almeida, a ser dado pela Academia para romancistas mulheres. Júlia terminou, assim, por conquistar uma imortalidade às avessas, por trás da cadeira número três.

Trinta anos depois de indeferida a sugestão do nome de Júlia Lopes de Almeida como membro fundador da ABL, uma mulher de letras, a poeta Amélia Beviláqua, esposa do acadêmico e jurista Clóvis Beviláqua, requereu ao presidente dr. Aloysio de Castro, como consta na ata da reunião de 29 de maio de 1930, inscrição à vaga de Alfredo Pujol, cadeira com linhagem de primeira grandeza, tendo Machado de Assis por fundador e José de Alencar como patrono.

Sendo a primeira vez que se apresentava à ABL uma candidatura feminina, o presidente, por não se achar autorizado a interpretar o artigo 2 dos Estatutos, solicitou que a Academia, em plenário, se manifestasse. O momento certamente era favorável para o debate que a candidatura de Amélia Beviláqua terminaria por gerar. Apesar da discordância das alas conservadoras, a participação da mulher na sociedade civil ampliava-se consideravelmente. Em 1930, a ruidosa campanha de Beviláqua por uma vaga na Academia sintonizou-se, de forma inevitável, com um conjunto de outras lutas e reivindicações, que tinham como principal bandeira o direito ao voto feminino. No Recife, era criada a Cruzada Feminista Brasileira, que, defendendo reivindicações políticas, vinha juntar-se às vozes da Federação Brasileira pelo Progresso Feminino, fundada, no Rio de Janeiro, em 1922, por Bertha Lutz. Nesse quadro, foi encaminhada e julgada a solicitação do presidente, dr. Aloysio de Castro, em relação a uma tomada de posição dos acadêmicos quanto aos critérios que avalizariam ou rejeitariam a inscrição de Amélia. Colocaram-se a favor Augusto de Lima, Adelmar Tavares, Luís Carlos, Afonso Celso, Fernando Magalhães, João Ribeiro, Laudelino Freire, Magalhães de Azeredo, Félix Pacheco (que fez uma declaração pública de seu apoio ao ingresso feminino na ABL) e, naturalmente, Clóvis Beviláqua, marido da aspirante a candidata. Ou seja, pouco mais da quarta parte da Academia. O restante foi contra, tendo pesado decisivamente os depoimentos de dois dos fundadores – Alberto de Oliveira e Silva Ramos – que lembraram que o assunto havia sido debatido por ocasião da constituição da Academia, definindo a não admissão de mulheres na mesma.[4] Votaram contra: Aloysio de Castro, Gustavo Barroso, Olegário Mariano, Afrânio Peixoto, Alberto de Oliveira, Coelho Neto, Constâncio Alves, Dantas Barreto, Goulart de Andrade, Humberto de Campos, Luís Guimarães Filho, Ramiz Galvão, Roquette-Pinto e Silva Ramos.

Não convencido, na sessão de 24 de julho de 1930, Laudelino Freire, acusando a Academia de estar "respondendo com obstinação a argumentos irrespondíveis", propõe a reconsideração do assunto, argumentando a importância e a forma irregular com que fora resolvido na preliminar do dia 29 de maio. Pelos estatutos, num caso como esse, seria necessário o pronunciamento de 21 acadêmicos em sessão previamente anunciada. Sugere então que a mesa envie a todos os acadêmicos, sem exceção, a seguinte consulta, pedindo-lhes resposta por escrito, dentro do prazo de sessenta dias. "Na palavra 'brasileiros' do artigo 2 dos Estatutos estão ou não incluídas as escritoras brasileiras?"

Conduzia, assim, a ABL o debate em torno do acesso feminino à imortalidade literária como uma questão prioritariamente gramatical, insensível aos argumentos enfáticos de Clóvis Beviláqua, que invocava a responsabilidade da Academia, enquanto autora do Dicionário da Língua Portuguesa.

Em 1930, Octavio Mangabeira recebe a vaga pleiteada por Amélia Beviláqua.

A escritora, ao contrário de Júlia Lopes de Almeida, resolve comprar uma vasta e pública discussão com a Academia, cujo último ato foi a publicação do livro *A Academia Brasileira de Letras e Amélia Beviláqua*, definido pela autora como um documento histórico-literário. Pelo conjunto do material apresentado no livro, uma reunião de depoimentos, artigos de jornal e textos da autora em defesa própria, pode-se perceber a alta voltagem do debate político-gramatical travado na ABL em função das aspirações e provocações da poeta. Mobilizando, como comprova o livro, a opinião culta do país, em torno do uso ortodoxo e/ou contraditório da palavra "brasileiros", usada naquele artigo 2 dos Estatutos da ABL, instituição normativa da língua pátria, Amélia, no mínimo, soube pôr em relevo "um erro antipático, que não poderá prevalecer por muito tempo", como declarou Félix Pacheco no calor do debate.

Entretanto, será o argumento de Constâncio Alves, radicalmente contrário à inscrição feminina, que vai desvendar o enigma gramatical mobilizado pela candidatura de Amélia Beviláqua. Lê-se, a certa altura no seu voto publicado: "Os que defendem as candidatas femininas fundam-se na moderna (?!) interpretação constitucional, que pleiteia o direito de voto e demais direitos políticos para a mulher." Em outro artigo na *Revista da Academia Brasileira de Letras*, o mesmo autor mantém e radicaliza sua posição: "O mesmo sofisma patrocina as ambições políticas do feminismo. O emprego da palavra brasileiros na Constituição não foi feito como nos nossos estatutos (...), não puseram os pontos nos is."

O debate que definiu a "Inelegibilidade de senhoras para a Academia Brasileira", conforme publicação na *Revista da Academia Brasileira de Letras* de agosto de 1930, foi, certamente, amplo e irrestrito, invocando até a jurisprudência da Academia fundada pelo sr. Mussolini. Recorreu-se à história do catolicismo, um "infindável desfilar de maravilhosas figuras femininas que sobem aos altares mas que não podem celebrar missa nem confessar ninguém", para finalizar com um gesto de extraordinária galantaria: aquele "grêmio não tem cadeiras que correspondam a tantos merecimentos". De resto, oscila entre uma visível misoginia – interpelando esse "esquisito feminismo que não aconselha às mulheres essa iniciativa (de fundar uma academia própria) e faz questão de que elas, em vez de edificar uma obra sua, que revele sua autonomia e a eficácia de seus esforços, venham habitar casa que não construíram" – e um certo pânico, sugerido na oração final do sr. Constâncio Alves: "Atentai nessas palavras, meus ilustres colegas. Que dificuldades vos criaria o futuro, se tivésseis de dar o voto, quando se apresentassem concorrentes femininas? Os homens derrotados podem perdoar e, se não perdoarem, pouco importa. Mas podemos ser indiferentes ao descontentamento de uma candidata vencida? Não e não. Por isso, vos digo, não permitais que a discórdia reedite, nesta casa, o que fez com o desgraçado Páris. Que ela não possa repetir, servindo--se de cédula acadêmica, o que conseguiu com o maldito Pomo. Tenhamos a prudência de Rosny. Admiremos, como é justo, todas as mulheres de letras, mas não votemos em nenhuma. *Ah! non, pas ça.*" Menos galante e mais pragmático, Carlos de Laet, algum tempo depois, argumenta: "Devia-se deixá-las entrar porque já traziam consigo as cadeiras."

A imprensa, entretanto, encampa enfaticamente a candidatura de Amélia. No artigo "Resolução anacrônica", publicado no *Jornal do Brasil* de 31 de maio de 1930, J. H. de Sá Leitão ironiza: "Todo esforço cerebral é inútil para compreender a sutileza: '*mon âme a son secret, ma grammaire a son mystère*'. Abre-se-lhe o acesso às maiores aventuras e fecham-no apenas quanto à imortalidade. Não é uma solução elegante. E, além de não traduzir uma galanteria, peca pelo seu infrene ilogismo. Conjuremos os estatutos da Academia a que se tonifiquem de um sopro e passem a encarar o problema do feminismo, não somente pelo que de bom os seus poetas têm dito das mulheres, no tocante ao capítulo de caprichos e graças."

Em outro artigo, publicado no *Jornal do Brasil*, em 5 de junho de 1930, lê-se: "A Academia de Letras, resolvendo contra a entrada de mulheres no recinto do Pequeno Trianon, deu um golpe tremendo no feminismo, mesmo no que diz respeito às grandes pretensões políticas deste. Foi, sem querer, um grande elemento para a interpretação da nossa lei básica, a Constituição."

Ora, a defesa ou a fundamentação em favor dos direitos políticos da mulher vêm justamente do mesmo termo: "Julgamos, os que defendem o voto feminino, que estando na nossa Carta Magna o termo 'brasileiros', ele se refere a todos os indivíduos independente de sexo. Contra isso, opõe-se a nossa mais douta corporação, que está fazendo um dicionário para guia completa filológica. Não há dúvida que o golpe foi muito grande".

Ainda que o debate sobre a candidatura de Amélia Beviláqua tenha terminado com enquadramento explicitamente político e antifeminista, um detalhe que chama a atenção é a ansiedade manifesta dos acadêmicos, com um outro problema não menos gramatical: qual seria a flexão feminina do masculino fardão? Um problema que, como veremos adiante, será resolvido por Rachel de Queiroz.

A ideia de um fardão feminino preocupava sobremodo o presidente Aloysio de Castro e os poetas Alberto de Oliveira e Olegário Mariano. No *Diário de Notícias*, perguntava este último, assombrado com uma possível vitória de Amélia Beviláqua, suas fantasias divididas entre monjas e gueixas: "Que vestimenta arranjaremos para ela? O hábito de freira, o quimono japonês?"

Em 29 de abril de 1976, Osvaldo Orico, mobilizado pela campanha de Dinah Silveira de Queiroz a favor da admissão de mulheres na Academia, apresenta uma proposta de reforma do regimento interno da instituição. A principal mudança referia-se ao artigo 17. "A presente proposta visa a abrir a todos os brasileiros a mesma oportunidade, cancelada pela redação de um dispositivo conflitante com os nossos Estatutos, que não impedem a inscrição de mulheres aos pleitos eleitorais para a conquista do diploma acadêmico." Havia caído, finalmente, um tabu de oitenta anos. As portas da Academia abriam-se para as escritoras. Dinah, que afirmava estar lutando pela entrada das mulheres na ABL, e não especificamente pela sua, encampa a candidatura de Rachel de Queiroz.

A roupa da Rachel

No ano seguinte, em julho de 1977, Rachel envia à ABL a carta na qual se candidata a uma vaga aberta para a cadeira número cinco. Em 5 de agosto é eleita, no primeiro escrutínio, com 23 votos. Seu concorrente, Pontes Miranda, obteve quinze. Houve um voto em branco e, entre os 39 acadêmicos, treze enviaram seu voto pelo correio. Votariam abertamente em Rachel: Adonias Filho, Francisco de Assis Barbosa, Herberto Sales, José Cândido de Carvalho, Mauro Mota, Miguel Reale, Odylo Costa Filho, Austregésilo de Athayde e Aurélio de Lyra Tavares, "que foi contra a entrada de mulheres, mas votou em Rachel". Contra, ficaram Barbosa Lima Sobrinho, Elmano Cardim, Pedro Calmon e Vianna Moog.

Eleita Rachel de Queiroz, e aparentemente resolvido o debate gramatical em torno do ingresso feminino na ABL, uma antiga pendência continua a alimentar certas ansiedades básicas no *Petit Trianon*. Que roupa usaria Rachel para compatibilizar-se com a simbologia heroica expressa pela espada e os louros do fardão dos imortais? Aparentemente alheio à revolução promovida por Mary Quant, um dos piques dos protestos comportamentais da década anterior, o presidente Austregésilo de Athayde confirma a relevância do problema para a ABL, em declaração aos jornais: "A presença de uma mulher em nossas sessões não muda nada. A única coisa que vai mudar é o fardão."

Foi assim que, por alguns meses, a Academia tornou-se o palco de um dos mais curiosos debates deste final dos anos 1970, com todos os lapsos e atos falhos que a psicologia impressa nos permitiu.

O chá das cinco reverte-se numa arena da moda. Na procura da roupa da Rachel, discussões acaloradas acompanhavam os desfiles de Guilherme Guimarães, da butique Mônaco, e de Silvia Souza Dantas, a vencedora deste segundo e árduo pleito. "Em princípio, todas as tentativas eram de imitar o fardão, substituindo apenas as calças por saias redingotes trespassados, *tailleur* com alamares e dragonas, deixaram a escritora apavorada", segundo a estilista.

A imprensa acompanhava, ligadíssima, o desenrolar dos trabalhos. Conforme noticiou o *Jornal da Bahia* de 29 de setembro de 1977, "O mais pitoresco acontecimento, na Casa de Machado de Assis, de certo não deve ser a entrada de uma mulher para conversar com os 'imortais', mas a reunião extra que foi realizada dias atrás, na Academia, para aprovar a *toilette*".

Nas dezenas de matérias que povoaram os jornais (com a forte presença das sessões de cartas de leitores) sobre a roupa que usaria Rachel, fica claro que os acadêmicos se outorgavam o poder total na difícil decisão. Na edição de 6 de setembro de 1977 de *O Liberal*, de Belém, foi noticiado: "No último chá das cinco dos imortais, Pedro Calmon, notoriamente contrário à admissão de mulheres na Casa de Machado de Assis, numa proposta identificada como revanchismo, pediu que a Academia mandasse desenhar alguns figurinos para que todos os acadêmicos escolham o modelo que Rachel deverá usar".

O presidente Athayde, bem mais liberal, encomendou à própria Rachel algumas pesquisas em torno do fardão. Porém, conforme declarou ao *Diário Popular* de São Paulo em 9 de setembro, "para se evitar fantasias das modas, o próprio plenário da Academia vai escolher, por voto, o modelo a ser adotado".

Enquanto isso, Rachel era metralhada por palpites. Em pauta estavam boleros de toureiro, dragonas, alamares, e até mesmo opas de acompanhar procissão foram idealizadas por alguns acadêmicos da Irmandade do Outeiro. Uma festa para Freud e Lacan. Constrangida, Rachel de Queiroz tentou controlar a aflição de seus novos colegas. "Estão fazendo muita onda com essa história da minha roupa. Meus vestidos são todos *chemisier*, todos absolutamente do mesmo feitio: eu não me visto, eu me cubro.", declara, meio assustada, ao jornal *O Globo*, em 9 de outubro de 1977. Segundo a imprensa, a escritora acabou decidindo sozinha e fazendo ouvido de mercador às sugestões de boleros – pouco práticos –, ou opas – um tanto litúrgicas –, colocando como única exigência para a concepção do fardão feminino, a de ser caracterizado pela sobriedade. Preferindo não dizer o nome dos prestimosos acadêmicos que deram palpites e ideias sobre seu nevrálgico figurino, explicou ao *Jornal do Brasil*, de 4 de novembro, a opção pela sobriedade como uma opção feminina "natural", na medida em que "todas as fêmeas da espécie animal são menos ornamentadas que os machos. De maneira que segui a regra".

A versão final e aprovada foi a de Silvia Souza Dantas, segundo a estilista "uma veste simples como Rachel, na cor verde acadêmico, longo, reto, decote em V e mangas boca de sino"[5]. Do fardão, restaram somente as folhas de carvalho bordadas em fio dourado, reproduzidas pelas bordadeiras da Academia, na Rua do Senado.

O *Correio Braziliense* de 4 de setembro de 1977 informa ainda que "o longo de Rachel consumiu 13 metros de crepe e 3 metros de lingerie e que seu colar, presenteado pelo Governo do Ceará, será de ouro maciço, portanto fugindo à regra dos colares masculinos, todos em prata dourada". Essa possível vantagem foi corrigida, entretanto, pelo custo de seu vestido de gala. Como observa Ibrahim Sued em *O Globo* de 23 de outubro de 1977, "as mulheres já estão dando lucro à Academia, pois um fardão custa 60 mil cruzeiros e o vestido saiu por apenas onze. De leve". Argumento que não parece ter convencido a socialite Tereza de Souza Campos, que pergunta maldosamente à escritora quantas criancinhas nordestinas poderiam ser alimentadas com o dinheiro gasto no polêmico vestido, revidando, assim, uma antiga e semelhante interpelação de Rachel em jornais cariocas.

Um ponto, entretanto, gerou consenso. "A espada que simboliza fidelidade à instituição será dispensada", lê-se na *Última Hora* de 4 de setembro de 1977. "Rachel de Queiroz está com as mulheres e não abre. Vai tomar posse graças a uma obra feita por uma mulher, com corpo de mulher e com os trajes de mulher. Para ela, já há jurisprudência. Joana d'Arc não usava espada."

A posse

Finalmente, em 4 de novembro de 1977, sã e salva, Rachel de Queiroz, com um vestido contido, elegante e discreto, à revelia dos gostos acadêmicos, toma posse na Academia Brasileira de Letras. Conforme noticiou o *Jornal do Brasil*, desde as sete horas da manhã, Rachel é invadida por telefonemas, visitas e curiosos, tendo que se esconder na casa de sua irmã, Maria Luiza. O presidente da ABL, por sua vez, garante à imprensa que "a solenidade de posse da primeira mulher a pertencer ao quadro efetivo da instituição seguirá hoje, às 21 horas, o seu 'ritual uniforme e imutável' e que não serão permitidos discursos laudatórios de poetisas".

Até hoje, nenhum imortal foi tão saudado como Rachel de Queiroz e, pela primeira vez em oitenta anos, uma cerimônia de posse ganhava um ar de manifestação popular. "A escola de samba Portela quer homenagear a primeira mulher a entrar na ABL, mas barrada pelo presidente Austregésilo de Athayde, que alegou ser a cerimônia formal e, portanto, incompatível com a presença carnavalesca da escola, prontificou-se a prestar a homenagem do lado de fora da Academia, em plena avenida Presidente Wilson", noticiou a coluna do Zózimo do dia 15 de setembro de 1977. Como choveu, entretanto, a Portela não pode fazer seu prometido desfile inaugurando a ala de "acadêmicas", decepção que foi compensada pelos desfiles de várias escolas em todo o Ceará. No Crato, formavam-se blocos, ornamentados com seus livros reproduzidos em enormes esculturas alegóricas de isopor.

O futebol, naqueles idos do "Brasil: ame-o ou deixe-o", um esporte de importância singular, também esteve na pauta das comemorações. O *Jornal dos Sports* de 21 de setembro lembrou a seus leitores que "antes de ser imortal e ascender à Academia, Rachel, grande torcedora do Vasco da Gama, havia sido sagrada Cardeal do time por Nelson Rodrigues e admitida entre os pontífices vascaínos". O Vasco da Gama, inclusive, tentou oferecer a Rachel a indumentária para a posse.

Deputados, senadores, prefeitos e vereadores homenagearam a escritora. Mauro Benevides, senador cearense pelo MDB, fez um relato de sua vida e obra no Congresso Nacional. Intervenções dos senadores Franco Montoro (SP), Benjamin Farah (RJ) e Agenor Maria (RN), do MDB, e Magalhães Pinto (MG) e Benedito Ferreira (GO), da Arena, complementaram a homenagem. Na sessão do Senado de 7 de novembro, o vice-líder do Governo, Ruy Santos (Arena-BA), também fez discurso sobre a posse de Rachel celebrando sua vitória como "marco civilizatório do país".

Do samba ao futebol, passando pelos políticos, a festa de Rachel ganhou um tom de conquista nacional. No dia seguinte à posse, o jornal *Última Hora* estampava a manchete: "Posse de Rachel vira comício e o público derrota protocolo." Nem as próprias feministas mostraram-se excluídas ou aborrecidas quando, na época, a nova acadêmica falou mal do movimento feminista.

"Estavam todos muito contentes porque era a primeira mulher a ir para a Academia. Não houve polêmica", lembra Rachel.

Não parece ter sido, entretanto, por acaso que, em 1930 e 1977 – dois momentos decisivos para a vida política do país (a eclosão da revolução que levou Getúlio ao poder e o início do processo da abertura política que pôs fim ao regime militar) –, a questão dos direitos da mulher tenha se colocado de maneira tão inadiável quanto delicada. Restringindo-se às reações da Academia e à temperatura política local, pode-se observar os caminhos e descaminhos que sofreram as candidaturas de Amélia Beviláqua e de Rachel de Queiroz à imortalidade. Uma primeira ressalva a ser feita é sobre a inadequação de um possível paralelo entre Amélia e Rachel.

Amélia Beviláqua comprou uma briga pública com a Academia, que terminou por alijar seu marido, Clóvis Beviláqua, do convívio dos acadêmicos por querer – ou ser convencido a – impor a candidatura da esposa a seus pares. Sua campanha foi tomada como bandeira pela imprensa e pelos grupos feministas, e considerada extremamente incômoda e mesmo agressiva pelos acadêmicos. Muitos acadêmicos colocavam em questão a qualidade literária da obra de Amélia, mas o debate ficou em torno do "erro antipático" contido no artigo 2 dos estatutos da ABL.

O fato é que Amélia terminou perdendo o prestígio que adquirira com suas várias publicações e com os elogios de Silvio Romero a seu livro *Provocações e debates*, e acabou sendo considerada uma figura bizarra com fama de desequilibrada ou mesmo louca.

Na mesma época em que Amélia tumultuava a Academia com sua candidatura, Rachel de Queiroz, já escritora reconhecida nacionalmente, reunia-se, num banco da Praça do Ferreira, em Fortaleza, com um grupo de militantes, operários e intelectuais planejando a criação do Partido Comunista do Ceará, do qual foi membro fundadora. Militante apaixonada pela causa social, nunca se interessou pelas lutas feministas, nem participou das reivindicações pelo voto feminino.

Mulher e Partido Comunista pareciam para Rachel duas coisas inconciliáveis. A política para as massas pretendida pelos comunistas, em oposição ao governo, seria incompatível com os movimentos feministas da época, identificados com a política getulista, que, segundo a própria Rachel, estariam dando um tratamento elitista, segregador e ligado a "grupelhos conservadores" à questão do voto feminino. Além de uma clara divergência política, a aversão de Rachel às feministas expressava ainda certas restrições a suas atividades literárias e artísticas. As escritoras militantes, incluindo-se Amélia Beviláqua, representavam, para a menina que "escrevia feito um homem", literariamente o velho, o estilo "água-com-açúcar" sem a necessária qualidade literária. Rachel, fascinada pela revelação de *Macunaíma*, ao contrário, buscava, solitária entre as escritoras da época, absorver as conquistas modernistas. Através de uma rara disciplina literária, trabalhava uma linguagem adversa aos impulsos ornamentais, mais afeita ao substantivo que ao adjetivo, fugindo não só do padrão dos literatos da época, mas, principalmente, do que era considerado como "literatura feminina". Por sua vez, seus romances, ao contrário da maior parte de suas contemporâneas militantes, desenharam as personagens femininas mais fortes e revolucionárias do período, colocando em pauta temas como a profissionalização da mulher, os constrangimentos do casamento, a liberdade sexual e mesmo o aborto, no melhor estilo da pauta feminista da época. Digamos, uma forma individual de feminismo, dividido entre a questão social mais geral e o horror ao mundo circunscrito do espaço doméstico reservado às mulheres e às escritoras.

A atitude de Amélia, no episódio de sua candidatura polêmica, aproxima-se mais da de Dinah Silveira de Queiroz que, a partir de 1954, quando recebe o Prêmio Machado de Assis, começa também a considerar seriamente a conquista da imortalidade acadêmica e, durante 25 anos, batalha, com firmeza e persistência, pela entrada da mulher na Academia. Em julho de 1970, candidata-se para a vaga de Álvaro Lins. Em outubro do mesmo ano, volta a candidatar-se para a vaga de Aníbal Freire, fundamentada num parecer jurídico de Vicente Rao, mostrando que a proibição era uma discriminação inconstitucional. Em 1971, Dinah volta novamente a insistir, sem sucesso, para a vaga de Clementino Fraga. Conta-se que, a respeito, o presidente Austregésilo de Athayde teria declarado que "no dia em que Dinah transpusesse aquela porta (da ABL), ele sairia por outra". No calor desse debate, em 1971, Rachel foi sondada por Odylo Costa, filho sobre seu possível desejo de candidatar-se. Resposta de Rachel: "Não sou candidata, e se quisesse, não podia. Pensar nisso é proibido, é pecado. E uma senhora da minha idade não pode pecar".[6]

Só na segunda tentativa após a entrada de Rachel, já em 1980, Dinah consegue tornar-se imortal, derrotando Gustavo Capanema. O discurso com que foi recebida por Raimundo Magalhães Júnior foi claro ao marcar sua posse como a consolidação da presença da mulher nos quadros da ABL. A própria Dinah reconhece, em declaração à imprensa, o sentido de sua eleição. "A presença de Rachel na Academia poderia ser como a de um símbolo. O lado feminino da Academia seria só ela, e nenhuma escritora, por melhor que fosse, transporia, além dela, os umbrais da imortalidade. Minha entrada representou uma espécie de alívio, o tabu estava rompido." Opinião não de todo desprovida de sentido, uma vez que a própria d. Carmem, secretária-geral da ABL e profunda conhecedora dos meandros da Casa de Machado de Assis, conta que, quando Rachel entrou, os acadêmicos comentaram em off: "Esta foi a última, não a primeira."

O fato é que o "estilo Rachel", associado à sua incontestável proeminência nas letras nacionais, no momento em que os estatutos declaram que mulheres seriam elegíveis para a ABL, foi de extrema adequação para o amaciamento desse difícil rito de passagem.

Mesmo assim, ainda que Rachel, com invejável habilidade, insistisse em declarar-se não feminista e anarquista, fazendo com que sua vitória escapasse a possíveis apropriações políticas ou feministas, não conseguiu impedir que seu ingresso na instituição tivesse certa repercussão neste sentido. Rachel, nomeada em 1966 para a delegação do Brasil junto à Assembleia Geral da ONU pelo presidente Castello Branco, era ainda, desde 1967, membro do Conselho Federal de Cultura no quadro de um governo impopular entre a intelectualidade de esquerda.

A imprensa, portanto, a recebeu ora como a primeira mulher a entrar no *Petit Trianon*, ora como a representante de um segmento político indesejável. O telegrama que o presidente Geisel enviou a Rachel, incluindo-se entre seus leitores e congratulando-se com sua vitória, ao qual a escritora respondeu com elegante desenvoltura, observando seus dotes de "timoneiro de mão segura, nestas águas difíceis pelas quais navega o mundo", foi reproduzido com destaque por literalmente todos os jornais do país. O próprio autor da emenda que mudou o regimento interno da Academia, Osvaldo Orico, não compareceu à eleição, e considerou sua vitória "um efeito de pressões de fora, principalmente por parte do Conselho Federal de Cultura", segundo consta no *Jornal de Santa Catarina* de 6 de agosto de 1977. "Quem venceu não foi a mulher, mas um órgão do governo", acusou na mesma edição, num rasgo de falta de elegância, o candidato derrotado e ex-embaixador Pontes de Miranda. A esquerda, dividida, preferiu não celebrar o fato como uma conquista feminina, mas como um jogo político no qual o beneficiado teria sido o próprio governo. O debate esquenta (lembrando e anunciando, de certa forma, a famosa polêmica de Cacá Diegues sobre as "Patrulhas ideológicas", no ano seguinte), através das declarações de Alceu Amoroso Lima, um dos mais proeminentes líderes liberais na defesa dos direitos civis do período pós-64, que, argumentando a improcedência das acusações, confirma publicamente seu voto "na maior escritora do Brasil", e do artigo "Hidrofobia ideológica", publicado pelo jornal *Última Hora*, em 14 de agosto, defendendo o mérito e a lisura das eleições e mostrando, com ironia, a fragilidade dos espadins dos imortais para a manutenção do governo Geisel.

Por outro lado, apesar das públicas e insistentes declarações de Rachel de que sua entrada na Academia foi "unicamente como profissional de letras" e de que "defenderia na Academia o ingresso de grandes escritores não somente por serem mulheres", não há dúvida de que, no momento em que o movimento feminista experimentava uma fase de expressivo crescimento e institucionalização, repercutindo a expansão dos movimentos feministas internacionais, pairava um clima de eufórica conquista da mulher em torno da queda da mais tradicional oligarquia masculina do país: a ABL. Declarações como "A vitória de Rachel de Queiroz foi considerada pela maioria dos acadêmicos um marco histórico da vida da ABL", "Essa vitória pode representar mais respeito pela literatura feminina" ou "Rachel de Queiroz abriu os caminhos e conseguiu furar o bloqueio discriminatório da ilustre Casa de Machado de Assis" enchiam as páginas dos jornais, ao lado de uma quantidade surpreendente de adesões antifeministas anacrônicas e de ataques violentos ao movimento, por razões óbvias, um movimento não grato à maioria da população.

Seu suposto antifeminismo passa a ser potencializado e explorado pela mídia. Dentre as pérolas que a imprensa produziu, cito algumas: "Rachel de Queiroz toma posse, hoje, na ABL. As assanhadas feministas tentaram, de saída, transformá-la num símbolo do Movimento de Libertação da Mulher, projeto que tem muito em comum com a Missão Portella, dela se distinguindo apenas por um detalhe, enquanto o presidente do Senado quer dialogar sobre política, as mulheres só querem saber de sexo." "Rachel de Queiroz nada tem a ver com o feminismo. Ela não se entregou à permissividade, não se exibiu de tanga, não andou com os seios à mostra, nunca usou a palavra realização, não assinou manifestos imbecis, não embarcou nos esquemas da esquerda e da direita e duvido muito que tenha algum dia passado pela porta de um analista. Rachel de Queiroz sabe costurar, sabe cozinhar, faz arroz e faz feijão. Ao contrário do que imaginam os tolos, Rachel de Queiroz entra para a ABL por sua obra e por ser uma verdadeira mulher", escreveu Raul Giudicelli, no *Última Hora* de 4 de novembro de 1977.

E, claro, não faltou a clássica caça à bruxa Betty Friedan, como consta nas edições do *Estado de Minas* e do *Correio Braziliense* que se rejubilam porque "a glória dessa conquista coube a uma mulher que não reza pelo catecismo de Betty Friedan".

Deixo, por hora, em suspenso, qualquer avaliação sobre as relações entre Rachel, o feminismo e a política pós-64, observando apenas como a crítica em geral e, mais especificamente, a crítica feminista têm revelado uma extraordinária timidez em se aproximar não só dos possíveis sentidos dessas questões, mas também de um exame mais detido sobre a obra e a personalidade de nossa maior escritora modernista.

De como Rachel pisou os tapetes
da Casa de Machado de Assis

Como Rachel, a primeira mulher a ingressar na Academia, depois de ter decifrado o enigma do fardão, terá traduzido para o feminino um ritual de traços claramente patrilineares como o da transmissão do patrimônio cultural acadêmico?

É bom lembrar que a conquista e ocupação de uma cadeira acadêmica não se faz com facilidade. A cerimônia de posse, bem como a praxe dos procedimentos que a antecede, exige do candidato um longo e litúrgico caminho de "iniciação", feito de provas de humildade, virtude e merecimento pessoal. Se bem-sucedido, o futuro acadêmico está habilitado a ser recebido na Casa, como legítimo herdeiro da linhagem e da tradição, das quais, a partir de então, torna-se guardião e transmissor. Vejamos, portanto, como Rachel colocou-se nesse ritual complexo e eminentemente masculino.

Na primeira sessão depois da morte de um acadêmico, o presidente da Academia declara formalmente que está vaga a cadeira e abertas, durante noventa dias, as inscrições para novos pretendentes. No prazo de 120 dias, processam-se as eleições.

Por sua vez, cada cadeira contém um sentido e uma simbologia bastante específicos.

Conta a tradição que, na corte de Luís XIV, apenas os grandes fidalgos e os prelados tinham o direito de sentar-se em *fauteuils*, exceção feita apenas para o presidente da Academia Francesa de Letras, ao qual, excepcionalmente, havia sido concedido igual privilégio. Mas, em 1703, a candidatura do escritor La Monnoye colocou um sério problema. Sua vitória dependia do voto de um dos acadêmicos, o Cardeal d'Estrées, que tendo-se tornado príncipe da Igreja e, portanto, conquistado o direito a *fauteuil* no Paço do Rei, não concordava em sentar-se num simples banco de plebeus. Luís XIV, sabendo do impasse, ordenou então que fossem concedidas, aos senhores acadêmicos, quarenta *fauteuils*. Daí, teria vindo o prestígio "objetivo" da cadeira acadêmica. Uma cadeira que é um pequeno trono.[7] E, como tal, só pode ser transmitida ou, na pior das hipóteses, usurpada. Nos primeiros tempos, a transmissão da cadeira era feita através da escolha ou designação espontânea de novos membros pelos demais acadêmicos. Em 1713, entretanto, um novo incidente, gerado pela recusa de Lamoignon ao convite para integrar os quadros da Academia, ensina que seria mais sensato que o ingresso fosse precedido de um pedido oficial do candidato. Dizia-se, a propósito, na Academia Francesa: "Como uma matrona decente, a Academia não se oferece, não concede a mão de uma filha – perdão, a posse de uma poltrona – sem o desejo manifesto, por alguém, de possuí-la, isto é, sem um pedido formal." Fixa-se, assim, a praxe da entrega de uma carta do candidato, na qual solicita ao presidente sua inscrição na competição pela vaga aberta, costume, mais tarde, ampliado e aperfeiçoado, através do envio de telegramas comunicando a inscrição aos demais acadêmicos. O candidato está pronto para iniciar a penosa trajetória das "visitas" a seus futuros colegas levando livros de sua autoria, presentes, iguarias, flores e, obviamente, um pedido de voto.

Rachel, segundo consta, já nesta preliminar alterou um pouco as regras do jogo. Após a entrega da carta de inscrição ao presidente (segundo ela, induzida por Adonias Filho), viajou para o Ceará, de onde só voltou no momento da eleição, esquivando-se assim da "prova" das visitas, ou seja, do requerido exercício de humildade e submissão a seus pares. Mesmo assim, Rachel, ao chegar do sertão, venceu sem maiores dificuldades.

Uma vez eleito o candidato, é marcada a cerimônia durante a qual será recebido por seus novos pares, deverá ler o tradicional discurso de posse, assinar, com a pena de ouro de Machado de Assis, o livro da Academia e receber o diploma, o colar e a espada, perfazendo, assim, o ritual da sagração acadêmica.

A praxe do discurso público e solene data de 1673, com a posse de Fléchier. O novo acadêmico dirigia-se, de forma deferente, ao(s) representante(s) do governo e da Academia, falava sobre seu predecessor e, em seguida, assistia ao seu elogio por um dos membros da Casa. No caso brasileiro, temos uma variável extremamente curiosa. Na Academia Francesa, os *fauteuils* não são numerados, nem têm patronos. A novidade de nossa Academia foi que, em 1896, quando foi criada, com o objetivo, conforme o discurso inaugural de Machado de Assis,[8] de "conservar, no meio da Federação Política, a unidade literária nacional", e manter "a tradição como seu primeiro voto", deu-se conta, face à juventude da cultura nacional, da necessidade da própria "invenção" dessa tradição.

Na falta de um tronco genealógico de nossa aristocracia literária, a melhor estratégia para os fundadores seria criar espiritualmente, para suas cadeiras, patronos que representassem "nomes preclaros e saudosos da ficção, da lírica, da crítica e da eloquência nacionais".[9] A sugestão do patrono, como consta no anteprojeto do Regimento Interno, foi de Joaquim Nabuco: "A cada uma das quarenta cadeiras da Academia será dado, em homenagem aos principais escritores brasileiros, o nome de um deles, e o primeiro titular de cada cadeira pronunciará perante a cadeira o elogio do nome literário nela inscrito".[10]

Esse impulso genealógico não é, entretanto, uma criação das academias literárias. Na historiografia e na crítica literárias é rotineira a preocupação recorrente com o estabelecimento de linhagens, com o exame exaustivo das "influências" nos textos, nas obras e na constituição das escolas literárias, com a identificação dos "fundadores" da literatura nacional. Pode-se dizer que a construção de famílias legítimas com seus "patriarcas", "heróis" e "gênios" é uma das ideias centrais da crítica e da teoria literárias, e que a história da literatura é construída como um sistema de parentesco patriarcal tradicional, ou seja, dentro de uma lógica patrilinear baseada na transmissão da propriedade e do patrimônio.

A Academia Brasileira de Letras, criada com a função básica de proteger e preservar o patrimônio linguístico e literário nacional, e sendo o órgão mais alto da consagração e da legislação literária, não escapa a essa regra. Cada cadeira, ao ser "ocupada" por um novo acadêmico, exige a recomposição e a reconstituição do traçado genealógico que a define. A ritualização da posse de um novo acadêmico, seja através do discurso no qual o aspirante deve refazer a linhagem de seus antecessores, provando-se assim "herdeiro legítimo" deste "tronco" ou "lugar" na literatura, seja através da *mise en scène* da "recepção" por um acadêmico já imortal, explicita um pouco mais o sistema que informa os processos da legitimação literária. Nessa lógica, a exclusão das mulheres não parece ter sido apenas um problema gramatical ou de figurino.

A transmissão do patrimônio ou o discurso de praxe

Rachel tinha pela frente a tarefa inédita – bastante similar à da tradução do fardão para o feminino – de adaptar ou, no mínimo, sutilizar a solene transmissão patriarcal do patrimônio literário nacional. Que metáforas teriam sido necessárias a Rachel para transpor o discurso heroico acadêmico para a sintaxe específica do sexo frágil? A linhagem da cadeira número cinco era formada por Bernardo Guimarães (patrono), Raimundo Correia (fundador), Oswaldo Cruz, Aloysio de Castro e Cândido Motta Filho. Agora seria de Rachel. Como pedir adequadamente a licença, ritual mas necessária, e se sentar confortavelmente neste espaço ocupado, desde 1897, por expoentes e fundadores da cultura nacional, usando um traje longo, com decote em v, saltos altos e sem nenhuma espada?

Rachel escolhe o caminho mais longo, porém mais certeiro. Volta ao sertão, numa clara procura de autoentendimento, e apresenta, ao solene plenário, uma menina-moça procurando a lua com os olhos, no oitão branco da velha casa de fazenda. A partir daí, reconstrói, plano a plano, cinematograficamente, como num sonho, seu primeiro contato com Raimundo Correia, patrono da cadeira que em alguns minutos seria sua. "A menina assesta na lua, diretamente no disco da lua, os seus olhos que já são míopes, suspira, mas é um suspiro diferente, satisfeito, consolado, a menina ainda não está na idade dos suspiros propriamente ditos, está na idade das imaginações e dos sonhos. E, de olhos fitos na lua, silenciosamente, mal movendo os lábios, vai murmurando para si uma reza, uma encantação – um poema? Um poema que é reza e encantação. Vai murmurando como se rezasse para a lua e, na verdade, está rezando para a lua [nesse momento, Rachel declama, emocionada, os versos do poema "Plenilúnio", de Raimundo Correia]. Já reconhecestes na encantação rezada pela moça o poema inesquecível. E na adolescente que se tenta fazer bruxa daquele culto lunar, permite que vos apresente a velha senhora de hoje, tentando desvendar os seus laços antigos com o poema e com o altíssimo poeta." Pouco adiante, revela que o poema se encontrava "num volume já gasto por outra geração de moças" – suas tias. Rachel havia conseguido, na mais clássica estratégia do desempenho feminino, enfeitiçar a audiência e recuperar, nas primeiras linhas de seu discurso, uma outra linhagem que igualmente interveio e conformou a literatura brasileira, a presença maciça, na formação e divulgação de nossa literatura, das mulheres como leitoras ou mesmo como aquelas que ensinaram e estimularam a leitura. Conseguiu, ao mesmo tempo, resgatar a linhagem feminina de sua formação literária e, para usar uma palavra da moda, "privatizar" a figura fundadora de Raimundo Correia, que se torna simplesmente seu "misterioso, louco poeta particular".

Já com o patrono da cadeira, o poeta Bernardo Guimarães, Rachel, de maneira provavelmente inédita na Casa, aproxima-se com restrições e rejeita os laços de parentesco que, pelas normas da casa, deveria estar estreitando. Interpela, inclusive, Raimundo por ter escolhido Bernardo. Este último, um "escravo da lei, quase neuroticamente escrupuloso", enquanto o primeiro, "seu antípoda, boêmio irreverente que desafiava autoridades, recebia partes tocando violão, dava despachos em versos picarescos (...) era símbolo de todas as suas [de Bernardo] insubmissões sufocadas". Rachel, arriscando sua primeira insubmissão acadêmica, não parece muito propensa ao elogio da ordem e da lei que justificariam para muitos as posições contraditórias do patrono de sua cadeira. Na página cinco de seu discurso, denuncia Bernardo Guimarães, que "não ousou enfrentar os tabus da época: fazia restrições racistas, como aliás faziam todos os outros adversários da escravidão – piedosos, paternalistas, levados por sentimentos caritativos – mas nada igualitários". E prossegue criticando seu mais famoso romance, *Escrava Isaura*, personagem branca, concebida para um público de senhores e sinhás.

Quanto a Oswaldo Cruz, mais um elo na genealogia da complexa cadeira, Rachel observa que entrou, não como escritor, "mas dentro de uma categoria muito rara – na especialíssima categoria de 'herói'". Mais uma vez, recua no tempo e desenha um quadro fascinante, e eu arriscaria mesmo dizer, irônico, desta categoria que mal ou bem se mostrava, ao vivo, nos louros, no brilho e nas espadas dos 39 acadêmicos que ali se distribuíam, de fato ou virtualmente. Fazendo inicialmente a distinção entre os "heróis que matam" como Alexandre, César e Napoleão, e os que defendem a vida – "os heróis angélicos" – em cuja classificação inclui o dr. Oswaldo Cruz. Passa a descrever a aventura e as glórias de sua luta contra a peste, a ignorância, a malária do Amazonas, a febre amarela no Pará.

Rachel passa, então, ao elogio de Aloysio de Castro, o terceiro ocupante da cadeira de Bernardo Guimarães. Como no caso de Raimundo Correia, traz não o elogio canônico de seu antecessor, mas um *flash* de sua ligação particular e pessoal com o acadêmico. De novo, pela via de seu *network* feminino, no caso sua amiga Lota de Macedo Soares, foi levada à casa de Aloysio de Castro. Não mais o poeta particular, príncipe de seus sonhos de menina-moça, nem o herói-valente em guerra contra a morte, mas, como já era a hora, na lógica das atávicas fantasias femininas, um galante cavalheiro emerge das palavras de Rachel preenchendo o espaço grave da cerimônia: "Apanhado de improviso, o mestre nos recebeu, no seu salão, sentado ao piano, vestido num robe de cetim cor de vinho. E interrompendo docemente as veemências de Lota, quis saber quem eu era, sorriu satisfeito ao se inteirar do meu ofício e começou a tocar um pouco, para me pôr à vontade, creio. Foi tudo extremamente gentil e, para mim inesquecível o piano de cauda, sobre o qual havia retratos em moldura de prata, o salão em penumbra e o amável cavalheiro dedilhando delicadamente o prelúdio de Chopin."

Cândido Motta Filho, até aquele momento detentor da cadeira que seria a sua, ao contrário dos outros, mereceu, por parte da quase imortal, minuciosa e objetiva avaliação tanto de seu valor intelectual, político e social, quanto de suas atividades como advogado, jornalista, político, professor e homem de letras. Estava construída, solidamente e dentro do melhor padrão oficial da Academia, a legitimidade da estirpe de seu predecessor. Era chegada a hora de Rachel inserir-se como o último elo da cadeia linear que simboliza a tradição da cadeira número cinco e enfim receber, como herança legítima, o patrimônio que essa ilustre linhagem representa. Ao cerrar das cortinas, uma surpresa, absolutamente desinteressada do valor histórico e literário da obra de Cândido Motta Filho, que tão respeitosamente louvara, a primeira acadêmica da longa história da Academia Brasileira de Letras recua novamente no tempo e traz a audiência de volta para uma tarde ensolarada no aterro do Flamengo. Em cena, a escritora e o Ministro conversam sobre assuntos de família. Descreve Motta Filho falando, com prudência e possível insegurança, de seu encanto pelo Nelson, o Nelsinho Motta, seu neto, cuja queda irresistível pela música popular poderia desgostar as prováveis preferências elitistas da famosa literata. Na cena, Rachel, selando uma cumplicidade afetuosa entre avós, confessa-se "fã de firma reconhecida" do rebelde descendente do último ocupante da cadeira de Bernardo Guimarães. O *grand finale* de seu discurso de posse, anti-heroico por excelência, subestima os louros da genealogia literária e termina em família, discutindo "doce e consoladamente" o espaço privado através do qual penetra, com a habitual naturalidade, no espaço público da consagração literária.

Um *post scriptum* aparentemente sem importância: apesar da atmosfera de comoção nacional que a posse de Rachel mobilizou, o discurso com que foi recebida por Adonias Filho não menciona *nem uma vez* o fato histórico da eleição de Rachel de Queiroz enquanto a primeira mulher a ingressar na Academia Brasileira de Letras.

Fama fácil?

Retomo agora o problema a que me propus no início destas observações, a singularidade da fulminante carreira de Rachel de Queiroz frente aos tradicionais obstáculos ao reconhecimento do trabalho feminino. E retomo também, filiando-me às estratégias que Rachel utilizou em seu discurso de posse, ao meu primeiro contato com a escritora que, desde então, tornou-se a questão central de minhas preocupações feministas.

Rachel de Queiroz era, para mim, que sempre me dediquei ao estudo da resistência cultural, das margens e dos marginais da literatura, um nome tão nobre quanto distante. Na realidade, o mundo das academias e dos grandes escritores não me atraía. Dos acadêmicos, só havia me aproximado de Afrânio Coutinho e assim mesmo através de meandros profissionais que me fizeram sua assistente no início de minha carreira. Pois foi Afrânio Coutinho que me apresentou a Rachel de Queiroz, na sala de embarque do aeroporto do Galeão rumo a um encontro de escritores latino-americanos em Brasília. Bastou um minuto para que eu me desse conta de que estava irreversivelmente fascinada e conquistada. Voltando ao Rio, liguei para Rachel para entrevistá-la para um trabalho que estava fazendo sobre a vinda de Orson Welles ao Brasil, provavelmente um pretexto para vê-la de novo. Foi então que, esquecida de Orson Welles, e sabendo de meu interesse pelo estudo das mulheres, qual Sherazade, Rachel começou a tecer e contar infinitas histórias sobre as matriarcas nordestinas, mulheres fortes, independentes, poderosas, crudelíssimas. Vieram os casos de Bárbara de Alencar, Fideralina de Lavras, Monica Macedo. Personagens que faziam lembrar algumas figuras dominadoras e temíveis que povoam os romances de José de Alencar, de Machado de Assis, de Aluísio Azevedo, que faziam pensar em d. Guidinha do Poço, nas senhoras baianas de Jorge Amado, nas mineiras de Pedro Nava. Imagens femininas paradigmáticas de um Brasil arquetípico e familiar.

No entanto, eu sentia que alguma coisa diferenciava as matriarcas de Rachel daquelas personagens do romance brasileiro, imagens distantes de um Brasil definitivamente ultrapassado.

Dei-me conta de como nossos escritores tiveram e têm o estranho prazer em representá-las como figuras barbarizadas, opressoras, em geral caricatas. Nas histórias de Rachel, ao contrário, brilhavam os feitos, as audácias e o cotidiano das senhoras do sertão. Sua narrativa, traindo um certo orgulho, trazia, para o presente, sobretudo a memória das várias formas de poder feminino esquecidas e/ou destruídas ao longo da história. Uma pergunta continuava, entretanto, me intrigando: de que falava Rachel quando falava das matriarcas?

A partir daí, percebi que estudar a mulher no Brasil e na literatura brasileira sem passar por Rachel de Queiroz é, no mínimo, imprudência.

Rachel, como as matriarcas que invoca, sempre conviveu "naturalmente" com o poder. Aos vinte anos, foi considerada uma escritora definitiva (dona de uma "escrita masculina e viril"). Ocupou um espaço expressivo e contínuo na imprensa nacional. Transitou desde muito jovem, e continua transitando – aparentemente sem nenhum constrangimento ou restrição – pelos círculos mais influentes e poderosos de nossa elite intelectual. Filiou-se ao Partido Comunista, mas, quando viu seu romance *João Miguel* censurado por seus correligionários, não hesitou em desligar-se e optar pelo trotskismo. Em 1937, foi presa em Fortaleza. Casou-se, descasou-se e descobriu, com surpreendente liberdade para a época, o prazer de inventar e construir como bem quis sua vida particular e profissional. Teve acesso e influiu na política brasileira, foi convidada por Jânio Quadros para ser Ministra da Educação, foi representante do Brasil junto à ONU, foi membro fundador do Conselho Nacional de Cultura. Foi, como vimos, a primeira mulher a ingressar na Academia em meio a uma festa nacional.

Em resumo, um caso notável de "exceção" no quadro quase exclusivamente masculino da história da literatura. A perturbação de seus primeiros críticos em relação a *O quinze* é eloquente nesse sentido.

Esse caráter de excepcionalidade, relativamente comum no modernismo internacional, não parecia ainda, entretanto, suficiente para explicar o caso Rachel.

As intelectuais e artistas modernistas que se sobressaíam, especialmente nas décadas de 1920 e 1930, como Virginia Woolf, Gertrude Stein ou mesmo Tarsila do Amaral, no Brasil, afirmavam-se através de costumes e princípios radicalmente transgressores, confrontavam valores burgueses vistos como retrógrados, aliavam-se às lutas feministas e a uma estética experimental e iconoclasta. A conquista do novo espaço público, que pouco a pouco ia se abrindo para as mulheres, era feita de forma traumática e pagava o alto preço da competição e do confronto com as normas vigentes.

Rachel, por sua vez, não parecia identificada nem com o feminismo, nem com a conquista do poder político ou literário, nem com as vanguardas ou, nem mesmo, como várias vezes afirmou, com o próprio Modernismo. Preferiu os caminhos da individualidade e da autonomia. Desde o lançamento de *O quinze*, evidenciou um trânsito extremamente à vontade entre o espaço particular e o espaço público, entre sua vida cotidiana, a literatura e a política. Se como escritora surpreendeu e mesmo chocou a crítica pela qualidade literária que demonstrou, sua trajetória intelectual não parece ter trazido nenhum desconforto especial aos companheiros masculinos. Uma das provas mais evidentes nesse sentido, para manter-me no caso de sua entrada na ABL, foi a recepção consensual da "naturalidade" de sua eleição como a primeira mulher a integrar os quadros da defensiva Academia.

Quem talvez tenha chegado perto da questão foi a jornalista Ana Luisa Collor de Mello que, na *Gazeta de Alagoas* do dia 9 de agosto de 1977, veementemente afirmou: "Du-vide-o-dó que a primeira mulher a frequentar a fechada Academia Brasileira de Letras não fosse nordestina. (...) Não tenho dúvida de que Rachel de Queiroz é o símbolo da mulher nordestina. É uma vitória do povo do Nordeste. Ou do povo brasileiro." Não muito distante dessa opinião, afirmava Rachel pouco tempo depois para *O Globo*, em 29 de outubro do mesmo ano: "Quem entrou para a Academia não fui eu, foi o povo do Ceará."

Demagogia? Hipótese pouco provável, se considerarmos a coerência de sua vasta obra, ligada de maneira visceral a uma "brasilidade nordestina", emergente na década de 1930 e consagrada de forma definitiva pela obra de Gilberto Freyre,[11] ou mesmo o senso comum sobre sua personalidade, traduzido no já clássico diagnóstico de Manuel Bandeira, legítimo representante da aristocracia intelectual nordestina: "Não há ninguém tão 'Brasil' quanto ela. Quero dizer, Brasil de toda maneira, brasílica, brasiliense, brasiliana, brasileira."

Vem-me ainda à lembrança a frase final de um de seus primeiros escritos, um manifesto nacionalista, como era prática na época, publicado na revista *Maracajá*, em abril de 1929, portanto no calor do Modernismo. Declara Rachel, então com dezoito anos: "Canto o presente tumultuoso de minha terra e o seu passado tão curto, tão claro, tão cheio de vitalidade que é quase um outro presente."

Começo a pensar no estranho efeito de descoberta que as histórias de Rachel, em nosso primeiro encontro, tiveram sobre mim. Na revelação que foi, para esta ingênua feminista do eixo Rio-São Paulo, a descoberta da força simbólica dos casos e feitos daquelas distantes e semilendárias proprietárias de terra e gado no interior do sertão nordestino. Histórias de mulheres com pleno controle de suas vidas, liderando fazendas, dominando filhos, parentes, agregados, escravos. Administrando uma extensa rede de poderes que incluía a economia, a política e o clero locais. O Estado e a Igreja, portanto, definindo-se como extensão da família com a presença maciça do poder feminino. Mulheres, fazendeiras e chefes de família, inventando e improvisando os mais diversos papéis sociais, transpondo qualquer diferença entre público e privado.[12] Demostrando, de forma surpreendente, como a família patriarcal brasileira conseguiu engendrar, na prática, formas antipatriarcais, semipatriarcais e parapatriarcais de organização social.

É curioso que um dos temas que vêm se mostrando mais caros à historiografia feminista internacional seja, exatamente, a releitura do imbricado processo de redefinição dos papéis sexuais no período de formação da república moderna, momento em que a economia doméstica deixa de ser o espaço central da produção. Indignações como a de Montesquieu que denunciava a "liberdade irrestrita das mulheres da aristocracia", os "vícios da luxúria aristocrática", e, especialmente, seu papel de negociadoras do poder no interior da sociedade da corte, ou a de Rousseau ao denunciar publicamente "as práticas não naturais" das mulheres aristocráticas que renunciaram a seus deveres maternais para participar no mundo, revelam o calor argumentativo da segregação cultural que a "civilização moderna" impôs às mulheres, e do controle da penetração e participação femininas na vida pública. Nesse quadro, como mostram os trabalhos mais recentes, em resposta à construção estritamente misógina e dual das esferas da casa e do Estado, as mulheres desenvolveram processos sutilíssimos de legitimação e envolvimento no espaço público, ainda não de todo estudados, mas que já iluminam e questionam as pressuposições clássicas da teoria política tradicional.[13]

No nosso caso, a carreira de Rachel e sua "natural" excepcionalidade e reconhecimento demonstram não apenas a fragilidade do conceito de espaço privado na formação da sociedade brasileira, mas, sobretudo, como, feminista a seu modo, mostrou um enorme talento no uso da domesticidade para expandir a linguagem da liberdade pública e política, conseguindo reestabelecer, de maneira ímpar, a lógica do poder privado das autênticas matriarcas e sua força no imaginário brasileiro.

Inicia sua vida profissional por volta de 1930, momento bastante delicado, quando a institucionalização dos espaços permitidos (ou não) para as mulheres começa a ser delineada.

Que metáforas teriam sido necessárias, naquele momento, para viabilizar a penetração e a participação femininas na vida pública? De que artifícios lançaram mão as mulheres para a definição de sua individualidade? O que há por trás da imagem, quase invariavelmente conservadora, das poucas mulheres que conseguiram não apenas manifestar-se na cultura de forma atuante, mas também serem aceitas pela sociedade deste período.

Rachel, dona de "uma autonomia e de uma independência sem paralelo na escrita feminina brasileira", conforme atesta Gilberto Freyre,[14] nos dá algumas pistas. Em princípio, marca sua individualidade de maneira bastante clara, rejeitando qualquer tipo de associação com movimentos e grupos feministas ou literários e omite, sistematicamente, em seu discurso, qualquer traço de competitividade explícita, o grande fantasma masculino "moderno".

Não é difícil encontrar depoimentos como esse, publicado na ocasião de sua posse: "Não gosto de escrever. Escrevo para ganhar dinheiro. Se pudesse nem assinava o nome. A verdade é que não sou romancista, sou boa dona de casa, melhor cozinheira do que escritora." Ou como a altissonante declaração para Marisa Raja Gabaglia, que se tornou manchete de uma conhecida revista carioca: "Minha maternidade é inesgotável." Imagem que inegavelmente "pegou" e que vai tornar-se o *leitmotiv* do volume comemorativo dos seus oitenta anos, editado pela José Olympio. Diz, por exemplo, na página 124, Otto Lara Rezende: "Ouso dizer que ela se administra mal, ou nem ao menos se administra, no sentido de levar a sério o talento que tem e de tratar de profissionalizá-lo (...). Rachel não se deixa impressionar pela imagem que de si projeta. A naturalidade nela vai ao ponto de parecer descuido, como se zombasse do que se convencionou chamar de glória literária. Tendo feito o que fez, vê com uma ponta de desdém tudo o que fez, às vezes me passa pela cabeça que ela nem desconfia que é Rachel de Queiroz."[15]

Mas tanto ela desconfia que, feminista a seu modo, além de um rigoroso trabalho literário, soube construir uma trajetória pessoal e profissional ímpar. O que parece estar em jogo aqui – e é o que precisamente fascina num estudo sobre Rachel de Queiroz – são não apenas os processos de construção dessa trajetória que revela a fragilidade da ideia de espaço privado na formação da sociedade brasileira, mas, sobretudo, a evidência da elasticidade do poder privado e a rentabilidade de sua instrumentalização, no caso de Rachel, potencializada de forma estratégica e exemplar. É este ponto, tão delicado quanto estrutural na dinâmica das nossas relações de poder, que revela a marca oligárquica ainda residual na lógica de uma "brasilidade nordestina", que transbordou das fazendas para a corte na formação do Estado Brasileiro.

De qualquer forma, creio já poder afirmar que foi mais ou menos assim que Rachel de Queiroz, em 4 de novembro de 1977, abrindo mão da espada acadêmica, mas nunca de seu profundo conhecimento de Brasil, vestiu um fardão verde, longo, com decote em v e bordados dourados, e franqueou às mulheres as portas do reconhecimento literário oficial.

NOTAS

1 N.E.: Hoje encontra-se na 98ª edição.

2 Josué Montello, "As mulheres na academia", *Jornal do Brasil*, 5 ago 1976.

3 *Jornal do Commercio*, 31 mai 1934.

4 Discurso de Raymundo Magalhães Júnior ao receber Dinah Silveira de Queiroz na ABL em 1980.

5 *Jornal do Commercio*, 29 out 1977.

6 *Zero Hora*, 6 ago 1977.

7 A respeito do histórico da ABL e da Academia Francesa, ver Fernão Neves, *A Academia Brasileira de Letras notas e documentos para a sua história* (1896-1940), ABL, 1940.

8 Discurso proferido na sessão de fundação da Academia Brasileira de Letras, em 20 de julho de 1897, às 20h, em uma das salas do Pedagogium, na Rua do Passeio, nº 28, Rio de Janeiro.

9 Machado de Assis, ibid.

10 Fernão Neves, op. cit.

11 O conceito de "brasilidade nordestina" surge, na década de 1930, em torno da batalha ideológica promovida pelo confronto regionalismo/modernismo paulista e expressa o impasse, gerado pela revolução de 1930, entre as novas e velhas elites políticas e sociais do país. Essa noção foi desenvolvida por Michel Zaidan em trabalho sobre o romance nordestino de 1930 e seu projeto de criação e difusão do conceito de nordeste enquanto "berço da nacionalidade brasileira" e apresentado no encontro Rachel de Queiroz: uma mulher, sua obra e seu tempo, UFPE, Recife, 16 set 1991.

12 O estudo sobre o papel da mulher na formação do Estado Brasileiro e as noções de espaço público e privado no século XIX vêm sendo desenvolvidos no trabalho rigoroso e pioneiro de Maria Odila Silva Dias e divulgado parcialmente em conferências e papéis ainda inéditos.

13 Joan Landes, "Women and the Public Sphere a Modern Perspective", in *Social Analysis*, nº 15, ago 1984, p. 20-31.

14 Gilberto Freyre, *Última Hora*, Rio de Janeiro, 18 set 1977.

15 Otto Lara Rezende, "Raízes e flores", in *Rachel de Queiroz: os oitenta*, Rio de Janeiro: José Olympio, 1990, p. 123-125.

A POESIA MARGINAL

Publicado originalmente em *100 anos de poesia: um panorama da poesia brasileira do século XX,* vol. 2, Claufe Rodrigues e Alexandra Maia (orgs.), Rio de Janeiro: O Verso Edições, 2001, p. 159-164.

O que hoje é conhecido como poesia marginal pode ser definido como um acontecimento cultural que, por volta de 1972-1973, teve um impacto significativo no ambiente de medo e no vazio cultural, promovidos pela censura e pela violência da repressão militar que dominava o país naquela época, conseguindo reunir em torno da poesia um grande público jovem, até então ligado mais à música, ao cinema, aos shows e aos cartoons.

Historicamente, os primeiros sinais editoriais da poesia marginal foram os folhetos mimeografados *Travessa Bertalha* de Charles Peixoto e *Muito prazer* de Chacal, ambos de 1971. Duas outras publicações também marcaram as fronteiras desse novo território literário. São elas: *Me Segura qu'eu vou dar um troço,* de Waly Salomão (1972), e a edição póstuma de *Últimos dias de paupéria,* de Torquato Neto (1972). Em 1973, a poesia marginal já aparece como categoria poética nos encontros Expoesia I, na Pontifícia Universidade Católica do Rio de Janeiro (PUC-Rio), e Expoesia II, em Curitiba. No ano seguinte, o evento PoemAção, três dias de mostras e debates, no Museu de Arte Moderna do Rio de Janeiro (MAM-Rio), com grande afluência de público, comprovou a presença literária dos marginais na cena poética da época.

O termo marginal (ou magistral, como dizia o poeta Chacal), ambíguo desde o início, oscilou numa gama inesgotável de sentidos: marginais da vida política do país, marginais do mercado editorial, e, sobretudo, marginais do cânone literário. Foi uma poesia que surgiu com perfil despretensioso e aparentemente superficial, mas que colocava em pauta uma questão tão grave quanto relevante: o *ethos* de uma geração traumatizada pelo cerceamento de suas possibilidades de expressão pelo crivo violento da censura e da repressão militar. Em cada poema-piada, em cada improviso, em cada rima quebrada, além das marcas de estilo da poesia marginal, pode-se entrever uma aguda sensibilidade para registrar – com maior ou menor lucidez, com maior ou menor destreza literária – o dia a dia do momento político em que viviam os poetas da chamada geração AI-5.

Determinados em não deixar o "silêncio" se instalar, os poetas marginais definiram uma poesia com fortes traços antiliterários, que se chocava com o experimentalismo erudito das vanguardas daquele momento. Uma dicção poética empenhada em "brincar" com os padrões vigentes de qualidade literária, de densidade hermenêutica do texto poético, da exigência de um leitor qualificado para a plena fruição do poema e seus subtextos. Assim, os marginais, com um só gesto, desafiaram não apenas a crítica, mas também a instituição literária oferecendo uma poesia biodegradável que não parecia importar-se nem com a permanência de sua produção, nem com o reconhecimento da crítica informada pelos padrões canônicos da historiografia literária. Ao contrário, marcavam sua posição ao não explicitar qualquer projeto literário ou político e ao apresentar-se claramente como não programática, mostrando-se avessa a escolas e a enquadramentos formais. Nesse sentido, poderíamos considerar hoje os marginais como estruturalmente marcados por experiências que refletem uma quebra geral de certezas e fórmulas, sejam elas políticas, literárias ou existenciais, tornando-se, na realidade, mais *off* literários do que antiliterários. Através do uso irreverente da linguagem poética e da afirmação de um desempenho ironicamente fora do sistema, os poetas marginais sinalizavam em sua textualidade e atitudes uma aproximação radical entre arte e vida.

A surpreendente capacidade de improviso e a diversidade criativa das intervenções que os marginais promoviam sem solução de continuidade, denunciavam esse firme propósito de viver poeticamente. Era o que pregava Cacaso quando dizia: "A vida não está aí para ser escrita, mas a poesia, sim, está aí para ser vivida..." Poderíamos mesmo definir o estilo marginal a partir da presença renitente da invenção poética na prática da produção, divulgação e comunicação de seus produtos. Em tempos de "milagre econômico" e profissionalização de nossas empresas editoriais, os poetas marginais optaram pela produção "doméstica" e pela comercialização independente. Essa opção, refletindo as determinantes vitalistas de nossos poetas e seu compromisso em "viver poeticamente", traduziu-se numa série de publicações desafiadoras do ponto de vista das normas da produção editorial daquele momento. Foram lançados folhetos mimeografados, livros artesanais, livros-envelopes, pôsteres, cartões-postais, cartazes, varais de poesia, gravações em muros e paredes e até mesmo uma torrencial chuva de poesia que inundou o centro de São Paulo, no dia 4 de dezembro de 1979. Invadiram as ruas, teatros, exposições, ganharam espaço na imprensa nanica, investiram pesado na venda de mão em mão, no contato direto entre o poeta e seu leitor. Criaram sua forma particular de comunicação com o público: a Artimanha, produto etimológico da fusão de manha e arte, cujos principais quartéis generais foram a Livraria Muro e o Parque Lage no Rio de Janeiro. Segundo Chacal, a primeira Artimanha foi produzida na Muro, no bairro de Ipanema, em outubro de 1975. Em janeiro de 1976, no MAM-Rio, foi armada a Artimanha II "para apresentar o *Almanaque biotônico vitalidade* à sociedade da cidade", reunindo poetas, músicos, atores, artistas plásticos, técnicos de som e luz e "outras pessoas sem especificações que chamaria de artimanhosas e manhosos". Tanto a estética quanto a ética das Artimanhas marginais marcavam clara diferença com os eventos da poesia *beat*, seus antecessores engajados e malditos no melhor estilo *yippie*, de intervenção violenta dentro do sistema.

Ainda refletindo a cultura nos anos 1970, da vida e da produção grupal e cooperativa, os poetas marginais defenderam sua "tática das coleções", uma forma de associação episódica que não se identificava com a formação de grupos ou tendências – uma vez que se conectavam e se dissolviam em função de lançamentos –, mas que lembravam uma forma de agrupamento ocasional típico das festas ou de momentos de lazer e socialização, reforçando a ideia da prática poética como instrumental para novas formas de ver/experimentar a vida. Algumas coleções tornaram-se "históricas", como Frenesi (RJ), Vida de Artista (RJ), Nuvem Cigana (RJ), Folha de Rosto (RJ), Gandaia (RJ), Garra Suburbana (RJ), Pindaíba (SP), Cooperativa de Escritores (PR), Limiar (RN) e tantas outras. Não muito diferentes das coleções, surgem também um sem número de revistas. Dizia então Paulo Leminski: "Os maiores poetas dos anos 1970 não são gente, são revistas. Revistas pequenas, atípicas, prototípicas, não típicas, coletivas, antológicas, em que a poesia e os poetas se acotovelam. Em comum: a autoedição, todo mundo juntando grana para comprar a droga da poesia." É o caso do *Almanaque biotônico vitalidade* (publicação oficial do grupo Nuvem Cigana), do pornô *Jornal dobrábil*, do *Cordelurbano, Balão, Orion* (RJ), de *O saco* (CE), *Tribo* (Brasília), *Silêncio e protótipo* (MG), entre tantos outros. Nesse pique, cresce a lista e a novidade das revistas e das coleções além de algumas batalhas ganhas na grande imprensa, como as editorias do *Suplemento Literário* da *Tribuna da Imprensa* (por Maria Amélia Mello) e do *Em Cartaz* de Curitiba. Em 1976, a poesia marginal entra para o debate acadêmico e para o circuito literário oficial através da publicação da antologia *26 poetas hoje*, organizada por mim, que esquentou a polêmica em torno do "antiprojeto marginal", com enorme repercussão na imprensa. No ano seguinte, os marginais voltam ao centro da cena na Feira Poesia e Arte, um evento de grande porte em comemoração aos 55 anos da Semana de Arte Moderna, organizado pelo poeta Cláudio Willer, no Teatro Municipal de São Paulo.

Em 1978, três eventos marcam a entrada dos marginais em territórios inesperados: a poesia marginal é tema de discussão no encontro oficial da Sociedade Brasileira para o Progresso da Ciência (SBPC), centro da produção acadêmica nacional, é objeto da exposição *Poucos e raros – retrospectiva da produção independente*, no Museu de Arte de São Paulo (MASP), um dos mais importantes museus do país, e do evento Mostra Nacional de Publicações Alternativas na Casa do Estudante Universitário (CEU), reduto da resistência estudantil no Rio de Janeiro.

A dicção e o tom de transgressão da poesia marginal e suas táticas de produção e comunicação trouxeram um saldo inesperado, ainda que inevitável: o questionamento da própria noção de valor literário. E, com ele, a abertura de novas fronteiras para a experimentação de uma enorme variedade de estilos, novos campos de expressão e posicionamentos políticos e culturais no trato poético.

Por estas próprias características, a definição do contorno de seus grupos ou mesmo de seus participantes não é muito fácil. Alguns, entretanto, destacaram-se, com clareza, na cena poética daquela hora. Os nomes de Waly Salomão, Cacaso, Francisco Alvim, Chacal, Charles Peixoto, Bernardo Vilhena, Adauto de

Souza Santos, Luiz Gleiser, Eudoro Augusto, Ana Cristina Cesar, Ronaldo Santos, Geraldo Carneiro, Leila Miccholis e tantos outros vêm imediatamente como uma referência dessa poesia. No seu conjunto, a poesia marginal parece ter sido um fenômeno mais "atuado" no Rio de Janeiro, mas com grande presença no Brasil inteiro, como é o caso de Paulo Leminski e Alice Ruiz em Curitiba, de Jomard Muniz de Brito em Recife, de Nicolas Behr em Brasília, de Roberto Piva em São Paulo.

A emergência desta poesia descartável e "alienada", sem aparente projeto estético ou político, não veio sem conflitos, provocando uma forte reação negativa da crítica e dos teóricos da literatura. A própria História, entretanto, pode nos surpreender: hoje a poesia marginal é reconhecida pela historiografia literária como a expressão, por excelência, da poética dos anos 1970 no Brasil.

FALANDO SÉRIO: SOBRE *NA CORDA BAMBA* & OUTROS LIVRINHOS DE CACASO

Publicado originalmente em *Na corda bamba*,
Antonio Carlos de Britto e José Joaquim Salles
(orgs.), Rio de Janeiro: Bem-te-vi, 2004.

Saudades do Cacaso. Volta e meia, a propósito de qualquer coisa, a gente se lembra dele. Foi num sábado, dois dias depois do natal de 1987, que ele morreu manso, sem aviso prévio, enquanto escrevia mais um poeminha. E desde então, lá se vão mais de quinze anos de imbatível presença. Uma presença forte, que teima em não desaparecer do panorama poético desse século XXI e que se firma como referência marcante para os poetas novíssimos. A lembrança de Cacaso, poeta tempo integral, letrista prolífico, parceiro de Edu Lobo, Francis Hime, Sueli Costa e Nelson Angelo, exímio desenhista, professor universitário, ensaísta e principal articulador e teórico da poesia marginal, aquela produzida semiclandestinamente em mimeógrafo, e craque em driblar a censura, pode talvez ajudar na compreensão de sua permanência definitiva em nossa cena cultural.

Cacaso foi, antes de mais nada, personagem totalmente singular numa hora em que a poesia foi eleita como a forma de expressão predileta da geração que experimentou, de forma cabal, o peso dos anos de chumbo. Num certo sentido, Cacaso nos colocou uma armadilha interessante: pensar sua poesia sem pensar na sua vida é quase um erro.

Sobre o personagem Cacaso, que começava insofismavelmente no *layout* que criou para si próprio, não posso evitar de citar Roberto Schwarz que, com argúcia, fez o desenho mais definitivo que temos do poeta (e como paraefeito, também de sua poesia): "A estampa de Cacaso era rigorosamente 1968: cabeludo, óculos John Lennon, sandálias, paletó vestido em cima de camisa de meia, sacola de couro. Na pessoa dele, entretanto, esses apetrechos de rebeldia vinham impregnados de outra conotação mais remota. Sendo um cavalheiro de masculinidade ostensiva, Cacaso usava a sandália com meia soquete branca, exatamente como era obrigatório no jardim de infância. A sua bolsa a tiracolo fazia pensar numa lancheira, o cabelo comprido lembrava a idade dos cachinhos, os óculos de vovó pareciam de brinquedo, e o paletó, que emprestava um decoro meio duvidoso ao conjunto, também".[1]

Sabidíssimo, meio interiorano, meio irônico, ressabiado, conseguindo manter uma ambiguidade cortante, Cacaso foi fiel a esse personagem em todas as situações. Como poeta, como professor, como letrista, como amigo.

Ambiguidade que se traduz também num originalíssimo cruzamento de intenções através do qual experimenta, em seus poemas, o alcance formal de problemas teóricos com os quais estava trabalhando no momento. Uma estratégia curiosa que, com maior ou menor intensidade, percorre grande parte de seus poemas.

Quando escreve, por exemplo, o poema "Na corda bamba":

Poesia
Eu não te escrevo
Eu te
Vivo
E viva nós!

um poema que, à primeira vista, poderia ser classificado como um versinho "rápido e rasteiro", Cacaso mostra o que seria o traço distintivo do conjunto de sua obra. Em "Na corda bamba", o poeta não estava na certa defendendo uma posição ingenuamente vitalista nem mesmo pregando a gratuidade como valor poético. O poema, que se tornou um de seus *best-sellers* e foi dedicado a Chico Alvim, tem um sentido bem mais fino e ácido do que aparenta. Cacaso era um aplicado teórico em tempo integral. A questão que levanta aqui – a gratuidade como ponto de partida e pressuposto da criação artística – é, na realidade, um problema que perpassou vários estudos do crítico-poeta. No artigo "Alegria da casa", de 1980, diz: "O modernismo, para quem a criação é igual à realização, em ato, de um ideal, é portanto um esforço empenhado em prol da gratuidade, da autonomia das coisas e dos valores, um jeito de constranger para que a espontaneidade pudesse aflorar sem constrangimento, o que em si já configura um paradoxo."

Voltando ao emblemático poema de Cacaso, tudo indica que a aparente gratuidade proposta ali coloca em pauta a contradição que inevitavelmente se esboça quando nos aproximamos de um poema "autenticamente marginal". Ou seja, quando o poeta marginal propõe uma quase coincidência entre poesia e vida, essa proposta poderia, no limite, resultar no desaparecimento da própria poesia. É a produção poética literalmente na corda bamba na qual o poeta marginal consegue equilibrar-se quase sempre com alguma dificuldade. Um caminho difícil e conflituado que pode ser entrevisto na própria trajetória da obra poética de Cacaso.

Em 1967, Antônio Carlos de Brito lança *Palavra cerzida*, um livro ainda muito tímido e dentro dos padrões literários do momento. Já *Grupo escolar* (1974), uma edição que já traz a marca da produção coletiva e semiartesanal, mostra o poeta pressentindo outros caminhos, já identificado com o grupo que integra a coleção Frenesi – Chico Alvim, Geraldinho Carneiro e Roberto Schwarz. A partir de 1975, com *Beijo na boca* e *Segunda classe*, Cacaso começa a abandonar, com mais decisão, o tom elevado e começa um duro trabalho de desrepressão da linguagem que vai se consolidar definitivamente em *Na corda bamba* (1978) e pouco mais tarde em *Mar de mineiro* (1982). É interessante registrar que só em 1978, com a publicação de *Na corda bamba*, é que Antônio Carlos de Brito passa a assinar Cacaso, definindo um claro *turning point* em sua carreira como poeta. É dessa época a intensificação de seu contato com os poetas mais novos, do grupo Nuvem Cigana, como Charles Peixoto, Chacal, Luiz Olavo Fontes, João Carlos Pádua, Guilherme Mandaro, Ronaldo Santos, Bernardo Vilhena e outros. É também dessa época sua performance como o teórico e maior aglutinador da poesia marginal, articulando projetos, coleções, interpretando, criticando, até "explicando para os poetas o que eles estavam fazendo", como lembrou Charles Peixoto em recente entrevista. Nessa mesma época, começa a releitura sistemática do projeto modernista e a escrever seus ensaios mais complexos sobre o novo "surto poético" que fazia a cena dos anos 1970. Exemplares são os artigos "Tudo de minha terra", "26 poetas hoje", "Coleção capricho", ou mesmo o "Poeta dos outros", estudo inacabado sobre Chico Alvim. Incansável, Cacaso colocava a poesia marginal em perspectiva, punha questões em marcha, denunciava as mazelas da vida literária e acadêmica como na polêmica que alimentou sobre o estruturalismo, muito em voga naquela hora.

Foi ainda nesse período que começou a desenvolver seu grande *insight* sobre a poesia marginal, a tese do "poemão". Percebendo uma certa transitividade entre os autores, os assuntos e as atitudes, Cacaso começa a sistematizar a ideia de que cada poema marginal era, na verdade, parte de uma experiência mais geral e transcendente. Como se a poesia de cada um fosse parcela integrante de um mesmo poema maior, um poemão, que todos estivessem escrevendo juntos e cuja matéria era a experiência do período da repressão. *Insight* que desenvolve com mais cuidado no artigo que deixou inédito sobre Chico Alvim. Dizia Cacaso: "Houve um momento em que a poesia tornou-se um banquete de todos." E observa como nesse movimento de produção, o peso maior é do coletivo, o que traz como contrapartida uma notável desindividualização da autoria, na qual o grande lugar-comum poético foi o poema curto, de registro direto e breve, em tom coloquial.

Essa questão da não autoria e do poema curto foi experimentada diretamente em *Segunda classe* (1975). Escrito durante uma viagem ao rio São Francisco em parceria com Luiz Olavo Fontes. Em *Segunda classe* nenhum poema é identificado como tendo sido escrito por este ou por aquele poeta, construindo meticulosamente um eterno disfarçar da autoria.

Ainda aproveitando esse gancho da importância da autoria coletiva em sua obra, é necessário não esquecer de suas diversas formas de parceria, não só enquanto letrista, mas também com os ilustradores de seus famosos livrinhos de poesia. Exemplos inesquecíveis são os desenhos infantis de seu filho Pedro em *Na corda bamba*, o desenho da Massoca em *Segunda classe* ou sua foto de matuto, de chapéu de palha, limpando a unha com um facão enquanto, feliz, pitava um cigarrinho em *Mar de mineiro*. Imagens com valor-texto, claramente produzidas e estruturadas no conjunto de cada livro.

Voltando às questões da poética marginal que não fogem da mira de Cacaso, quero ainda apontar os conflitos que se apresentam quando o poeta trabalha assumidamente com os valores "ingenuidade", "gratuidade" e "espontaneidade" como pontos de partida de sua criação poética. No artigo "Alegria da casa",

Cacaso lembra que Manuel Bandeira chamava atenção para a inexistência, na nossa poesia de inspiração nacional, do poeta matuto, aquele cuja obra se confundisse com o assunto, e ambos com o sertão. São precisamente estes valores modernistas que seriam examinados e trazidos para a poesia de Cacaso num sentido bastante diferenciado daquele realizado pelo concretismo poucos anos antes. Em Cacaso, esse resgate revestia-se, muitas vezes, do caráter de intervenção cultural e mostrava um viés estratégico. A valorização do coloquial, do fato cotidiano, a sistematização do direito de errar como princípio mesmo da arte ressurgem agora com ênfase em interpretações visceralmente contextualizadas e historicizadas, definindo uma releitura, digamos, mais cultural do que literária.

Por outro lado, a ênfase na gratuidade e na espontaneidade, que se tornaram bandeiras da produção marginal, apresenta seu lado paradoxal: a pressuposição inevitável do poeta como um ser simples, sem duplicidade, identificado consigo mesmo. O poeta matuto que Bandeira queria. Cacaso procura enfrentar esse conflito promovendo a difícil manutenção de um equilíbrio instável, quase imobilizante, em sua poesia. A prova mais eloquente de solução desse paradoxo é *Beijo na boca*, um livro inteiro sobre o amor, curiosamente um tema não muito caro aos poetas marginais. Sobre isso, o posfácio de Clara Alvim para a edição original de *Beijo na boca* é esclarecedor. Diz Clara: "A poética fundamental de *Beijo na boca* é a não escolha face à impossibilidade de opção – entre dois amores, entre dois poemas. Fiquem as duas namoradas, o passado não se ultrapasse, fique mais de um estilo; sobreponham-se e sucessivamente briguem entre si."

É precisamente essa negociação calculada com as bandeiras e com os paradoxos da poesia marginal que promovem a importância da aspereza e da ambivalência de textura na obra de Antônio Carlos de Brito, o Cacaso. Seja em suas letras de música, impregnadas de procedimentos literários, seja em sua poesia profundamente vinculada às regularidades e irregularidades rítmicas musicais, seja nos seus ensaios e estudos a um tempo especulativos e militantes, ou mesmo no design inesquecível de seu personagem. Dizia Charles Peixoto na já mencionada entrevista: "Cacaso não era um matuto enrustido. Era um jeca abusado."

Prefiro citar o próprio Cacaso em seu poema "Modéstia à parte":

Exagerado em matéria de ironia e em
Matéria de matéria moderado.

NOTA

1 Roberto Schwarz, "Pensando em Cacaso", *Novos Estudos*, Cebrap, nº 22, out 1988.

POESIA
EXPANDIDA

Publicado originalmente em
Revista Palavra, nº 4, Sesc, 2013.

É difícil falar de poesia hoje com certo conforto, ou melhor, com precisão e acuidade. Como nunca, hoje, a poesia parece inquieta, insatisfeita com o desenho de seu formato tradicional. Culpa da internet? Talvez, mas não necessariamente.

A evidência é de que já há algum tempo as fronteiras não apenas entre os gêneros literários, mas também os saberes começam a desafiar os limites e padrões que lhes foram historicamente impostos. Nessa linha de raciocínio, não é de hoje que podemos perceber um forte impulso de expansão da palavra literária. Mallarmé, Guimarães Rosa, Cortázar, Joyce, Borges e outros autores são provas contundentes dessa evidência.

Portanto, ao contrário do que possa parecer, a internet, por si só, não é responsável pelo turbilhão de mudanças que se anuncia nas áreas do livro e da leitura. Tudo indica que, na realidade, essa transformação responde a uma demanda latente de experimentação de fronteiras e procedimentos.

O que parece ter sido o real papel da internet e das mídias digitais para a atual ampliação da criação poética é a formalização das possibilidades de intensificação da interatividade, e, sobretudo, o horizonte experimental que a convergência de plataformas e mídias permite a partir da estrutura múltipla da web.

Essas novas variáveis trazidas pelo ambiente www consolidam o atual processo de explosão da palavra, em todas as suas formas, dicções, gramáticas, sintaxes.

Nesse quadro, a palavra avança segura, interagindo com novas linguagens e interlocutores e logo se expande em diferentes práticas literárias, remixando linguagens, gêneros e suportes. É a palavra rimada, a poesia na prosa, na dicção cotidiana, a prosa na música, a qualidade indiscutível das novelas gráficas, a palavra agilizada no dialeto dos blogs, do Orkut, dos e-mails. A palavra pirateada, hackeada, explorando as novas possibilidades tecnológicas dos iPods e podcasts, buscando a expressão visual, as formas dramatizadas, trabalhando fronteiras imprecisas, expandindo seu potencial de arte pública. Apontando no horizonte, podemos ver ainda os primeiros sinais de uma nova literatura transmídia.

Por todos os vieses, torna-se mais ou menos evidente que a poesia não mais se confina ao formato tradicional do que se convencionou chamar de poesia. Um rápido exame da produção poética atual vai verificar que todos os novos poetas têm seus blogs como mesa de trabalho. É o caso dos nomes mais reconhecidos da novíssima poesia brasileira como Bruna Beber, autora de *A fila sem fim dos demônios descontentes* (7Letras) e *Balé* (Língua Geral): ela cuida dos blogs Bife Sujo e Cutelaria, colabora com o Metroblogging Rio, edita com mais dois amigos a revista literária digital Bala, e mantém outro blog apenas seu; Alice Sant'Anna, que estreou com *Dobradura* no blog homônimo, antes de ser publicado pela editora 7Letras; Ismar Tirelli Neto, que lançou seu primeiro livro, *Synchronoscopio*, também pela 7Letras, a partir de publicações online; e Ramon Mello, autor de *Vinis mofados* e de dois blogs. Outros, como Omar Salomão, autor de *À deriva* (Dantes), não tem blog, mas, como quase todos seus colegas de geração, publica poemas em vídeos no YouTube. Isto para citar apenas alguns dos poetas que estão se destacando no panorama literário atual.

É também importante referir poetas ainda inéditos, dos mais diversos pontos do país, que já se tornam conhecidos na rede, como Arruda, poeta paulistano, Artur Rogério, pernambucano, autor de poemas, romances e contos, Marcelo Sahea, poeta gaúcho que trabalha com vídeo e animação, ou o poeta maranhense Zema Ribeiro.

O espaço aberto pela web para esses jovens criadores, além do campo experimental que disponibiliza, apresenta um efeito colateral nada desprezível. Penso na formação de críticos informais que passam a responder, comentar e interagir com o trabalho desses criadores, e também num fenômeno há muito desaparecido que é a vida literária, ou seja, um movimento de reações, comportamentos, respostas e debates em torno da literatura, que aponta claramente para a formação de um público ativo de autores e leitores.

É importante ainda observar que a literatura marginal, novo movimento literário das periferias e comunidades de baixa renda, que veio para ficar e que está surpreendendo por sua força e criatividade o campo da produção literária do país, também usa amplamente os recursos da internet, disseminando essa produção com um vigor inédito. É o que se pode verificar, por exemplo, através da vitalidade do blog de Ferréz, autor de *Capão pecado*, *Manual prático do ódio* e do livro de poesias *Fortaleza da desilusão*, além de outros romances, livros infantis, HQ etc., ou de Sérgio Vaz, poeta, criador da Cooperifa e autor, entre outros, do conhecido livro de poemas *O Colecionador de pedras*, e de Alessandro Buzo, autor de *Guerreira* e *O trem* – contestando a versão oficial, e que mantém a livraria/centro cultural Suburbano Convicto.

Ainda é cedo para se fazer previsões confiáveis sobre o futuro dos poetas, da poesia e das novas vozes que vêm das periferias. Também é impossível negar que a literatura promete acontecer neste século XXI, chamado de forma sintomática por Umberto Eco de "O século da palavra".

CRÔNICA MARGINAL

Publicado originalmente em *Letterature d'America*, vol. 145, 2013, p. 15-30.

CULTURAS MARGINAIS

Na última década do século passado, vários sinais começaram a chamar a atenção para um dos fenômenos que considero decisivos da cultura do século XXI. Falo da visibilidade de uma nova classe média que emerge vinda das periferias das grandes cidades brasileiras e, mais particularmente, de suas manifestações artísticas e intelectuais. Em princípio, a elite dessas manifestações é claramente ligada ao movimento transnacional hip-hop que, no quadro brasileiro ganha cores e traços bastante específicos. Nesse caso, ainda que eu não entre em detalhes sobre suas várias manifestações, a prática hip-hop denuncia uma alteração bastante significativa não apenas da ideia, mas também da experiência da cultura como recurso de inclusão socioeconômica, e como um eloquente exemplo de produção de novos sentidos políticos, sobretudo em países em desenvolvimento inseridos no contexto da globalização.

É ainda nesse sentido que reafirmo que as características e as estratégias das expressões artísticas vindas das periferias vêm surpreendendo e respondendo ao acirramento da intolerância racial e às taxas crescentes de desemprego provenientes dos quadros econômicos e culturais globalizados.

A literatura também não ficou imune a esses novos *inputs* e vem mostrando algumas propostas e mudanças estruturais no sentido de sua criação e divulgação. Torna-se inevitável, portanto, que a própria noção de cultura, e por tabela a de literatura, seja forçada a repensar seus parâmetros e até mesmo – o que é mais interessante – sua função social.

Mas acho prudente voltar um pouco atrás e rever brevemente a relação entre literatura e compromisso social. Podemos dizer que é característico da tradição da série literária brasileira, a atenção significativa aos temas da miséria, da fome, das desigualdades sociais e, ultimamente, da violência urbana. Não podemos esquecer que é também da tradição cultural latino-americana e brasileira, o engajamento político e o compromisso social do intelectual, neste caso, do escritor.

E, nesse sentido, um detalhe interessante no conjunto de nossa produção literária é o fato de que, ao contrário de nossos irmãos latino-americanos, nunca tivemos o *testemonio* como gênero literário. Especialmente depois dos anos 1960, o *testemonio* tornou-se importante por conseguir dar voz, ainda que de forma indireta, aos segmentos sociais cujo acesso ao livro e à literatura foi negado. Um dos *testemonios* mais famosos é o conhecidíssimo caso da narrativa da índia guatemalteca Rigoberta Menchú que, ao lado de sua família, desde muito cedo, engajou-se no movimento camponês em defesa dos direitos humanos e da justiça social. Nessa luta, Rigoberta testemunhou a tortura e os assassinatos violentos de seu pai, sua mãe e seu irmão. Mesmo só, prosseguiu na sua militância chegando a liderar, em 1981, um dos movimentos mais radicais de seu país, a Frente Popular. Dez anos mais tarde, em 1992, Rigoberta ganharia o Prêmio Nobel da Paz. Em 1983, havia contado sua história para Elisabeth Burgos-Debray, que anota meticulosa e fielmente seu relato, resultando no primeiro registro latino-americano de *testemonio*, o livro

I, Rigoberta Menchú. Desde então, o gênero se espalha pela literatura política latino-americana, mas, no Brasil, temos apenas um caso de *testemonio*, o livro *Cícera: um destino de mulher*, sobre a experiência trágica de uma empregada doméstica, escrito por Cícera Fernandes de Oliveira em colaboração com Danda Prado, que passou praticamente desapercebido.

A ausência desta forma colaborativa de narração entre nós talvez expresse a lógica da verticalidade da estrutura das nossas relações de poder e, portanto, a facilidade de agenciamentos e composições patronais entre classes sociais no Brasil. O fato é que o escritor sempre foi o sujeito dominante no discurso sobre o pobre e o excluído da sociedade brasileira.

Aqui cabe uma nota. Na década de 1960, foi lançado *Quarto de despejo: diário de uma favelada*, escrito por Carolina Maria de Jesus, com repercussão acentuada, inclusive internacionalmente. Esse livro não poderia ser considerado um *testemonio* mas traz uma discussão importante. Carolina tinha um diário em que anotava seu cotidiano de catadora, suas raivas, impressões e desejos. Em 1958, o jornalista Audálio Dantas descobre esses originais e os organiza como livro. O interessante nesse caso é que a intermediação de Audálio, aparentemente apenas como um editor, marca na época um debate bastante sintomático sobre a extensão de sua intervenção no texto final de *Quarto de despejo* e, consequentemente, sobre a capacidade letrada e criativa da autora. Abandono aqui a reflexão – ainda que necessária – sobre a obra pioneira de Carolina porque esta é uma crônica sobre um movimento literário bastante específico e sua importância enquanto resposta aos fluxos econômicos e culturais da globalização.

Com a subida da violência em 1987/88, emblematicamente datada por arrastões na praia do Arpoador, o interesse da classe média sobre o assunto começa a se manifestar de maneira mais clara e recorrente. Em 1993, o tema da violência atinge seu ápice, só que agora a mobilização da opinião pública é produzida no sentido inverso, o da violência policial. Data desse ano, julho, o massacre da Candelária, no qual oito crianças entre as cinquenta que dormiam nas escadarias da Igreja foram mortas a tiros por policiais, seguido, em agosto, ou seja, um mês depois, pelo massacre de Vigário Geral, que contabilizou a morte de 21 inocentes também pela polícia.

Especialmente essa segunda chacina vai marcar época na nossa cultura social e política. Intelectuais, artistas e representantes da sociedade civil unem-se e começam a articular ações concretas em torno de políticas em defesa da cidadania e dos direitos humanos. É desse momento a criação de organizações como o Viva Rio e a realização de marchas pela paz e contra a violência. Resumindo: o tema da violência, da insegurança, do medo, e que é imediatamente atribuído aos guetos do outro lado da cidade, vindo daquelas quebradas aparentemente distantes e invisíveis. O perigo e a miséria, ou os dois, começam, na virada dos anos 1980 para os anos 1990, a povoar concretamente o imaginário dos condomínios de alta renda, a pauta dos jornais e a pesquisa nas universidades.

Do ponto de vista da história literária, dois livros escritos por autores de classe média inauguram uma produção que vai se desenvolver de forma autônoma e com grande força. São eles Zuenir Ventura com *Cidade partida*, de 1994, que relata de forma originalíssima, entre o documental e o literário, as ações pós-massacre de Vigário Geral, e *Estação Carandiru* de Drauzio Varella, publicado em 1999, sobre as condições subumanas de vida no maior presídio da América Latina.

As características propriamente narrativas desses dois livros são bastante interessantes e sobretudo sintomáticas. *Cidade partida* traz um narrador cuja posição não pode ser confundida com o que seria um livro de denúncia social, no qual o autor se aproxima de seu objeto e através dele traz à tona uma realidade da qual não se teria notícia senão pela posição privilegiada deste mesmo autor. Também não me parece refletir a objetividade necessária e característica do relato jornalístico. Mesmo não sendo um autêntico *testemonio*, o relato de Zuenir, ao longo de toda sua narrativa, mantém uma postura ambígua: opinativa e afetiva – no sentido da noção de valor-afeto de Antonio Negri –, e, ao mesmo tempo, franqueia um espaço de canal aberto para a fala do outro. Zuenir empresta a sua voz à comunidade que examina, até mesmo ao traficante Flávio Negão, um fato inédito nas narrativas jornalísticas ou literárias. Pela primeira vez, o asfalto ouve as razões, os gostos e a dor de uma ampla e diversificada gama de habitantes da favela, os "terríveis agentes da violência", iniciando um processo de aproximação entre a favela e o asfalto, sem recorrer a falsas colorações heroicas ou vitimizadas.

Em 1999, Drauzio Varella vai percorrer um caminho parecido com *Estação Carandiru*. Aqui a escuta médica, de traços confessionais, que implica no pressuposto da confiança entre quem relata e seu ouvinte, reproduz também de forma não diretamente opinativa o pensamento e o cotidiano dos presos em carceragem. Essas são duas obras que, de certa forma, marcam um lugar de relativa abertura da voz da periferia para o mercado das grandes editoras. Ambas tiveram uma ampla recepção de público e consagraram-se como uma forte tendência de mercado.

Entretanto, dois anos antes de *Estação Carandiru*, em 1997, nosso "mundo das letras" já havia sido surpreendido pela publicação de uma obra de ficção que, em pouco tempo, se tornaria um dos maiores *best-sellers* brasileiros dos últimos tempos. Falo de *Cidade de Deus*, de Paulo Lins, que com mais de vinte edições e traduções em diversas línguas foi fenômeno de mídia, aclamado pela crítica, virou filme de sucesso, e chegou a ser indicado ao Oscar.

Paulo Lins nos surpreendeu, neste contexto específico, com uma variável totalmente imprevista nos nossos círculos literários: o pobre tem voz e pode até escrever; e mais ainda: escrever um livro de sucesso de público e de crítica. Pela primeira vez, e a partir da convivência estreita com as comunidades de periferia, incluindo-se aí bandidos e traficantes, temos uma detalhada anatomia do cotidiano da miséria e do crime no Brasil, agora com as cores da experiência vivida. Já não se trata mais da favela idealizada e separada do asfalto, mas da violência aberta e do inconformismo existentes nos novos conjuntos habitacionais, ou "neofavelas", como as identifica o autor. Nesse ponto, Paulo nos traz uma noção curiosa quando faz uma ligação entre "neofavela" e quilombo, em contraposição às favelas mais próximas, ligadas à ideia de senzalas por sua característica de assentamento "sem papel" e sem os quesitos mínimos de cidadania.

Com o sucesso definitivo de *Cidade de Deus*, ficou claro que alguma coisa irreversível havia afetado a criação e o mercado literário. Talvez até um novo cânone estivesse em processo de gestação.

É importante reconhecer, nesse rápido olhar sobre os antecedentes da literatura marginal, o valor e talento de Paulo Lins como escritor e mesmo, de certa forma, como fundador de um formato narrativo descritivo de ação que vai marcar a estética do final do século na literatura, no cinema, na TV. O mercado editorial e audiovisual, esperto, percebe e começa a se interessar por esses relatos que respondem ao crescente interesse da classe média em saber mais sobre o lado de lá.

Eu poderia me estender longamente sobre indícios, pequenos movimentos, cisões, negociações, buscas por novas formas de conexão entre intelectuais e artistas, centro e periferias, entre dicções até então dissonantes, enfim entre *alemães* e *sangues bom*, naquele momento bonito, ainda incipiente e indeciso mas de reconhecimento inaugural sobre o *apartheid* favela/asfalto no Rio de Janeiro.

Em 2000, surge um novo livro de igual importância, ainda que de repercussão distinta da de *Cidade de Deus*. Trata-se de *Capão pecado*, de Ferréz (pseudônimo de Reginaldo Ferreira da Silva). *Capão pecado* traz um tão refinado quanto impactante retrato de Capão Redondo, um dos bairros de maior índice de violência, tráfico de drogas e criminalidade de São Paulo, onde Ferréz cresceu e mora até hoje. Seus mais de 200 mil moradores não contam com redes de esgoto, nem hospitais, nem assistência de nenhuma espécie. Capão registra a marca sangrenta de 86.39 assassinatos a cada grupo de 100 mil habitantes, muito mais que a média nacional, que já é estratosférica para os padrões europeus.

Entretanto, ao contrário de *Cidade de Deus*, que teve um impacto de crítica e se filia à tradição literária brasileira, *Capão pecado* traz a marca da cultura hip-hop e inaugura uma literatura compromissada e conjuntural que veio a ser conhecida inicialmente como literatura marginal.

Marco essa diferença e associo *Capão pecado* ao hip-hop porque essa variável é importante para uma maior compreensão dessa produção literária e editorial, fenômeno especificamente brasileiro e único na cultura hip-hop internacional, que é a existência de uma literatura para além das práticas poéticas do rap.

Proponho uma rápida digressão para esclarecer a filiação que sugiro.

O quadro era mais ou menos assim na segunda metade dos anos 1990, já de olho na virada do milênio: de um lado, o hip-hop aumenta seu som e ressonância em territórios inexplorados; de outro, alguns cruzamentos político-conjunturais começam a promover conexões inesperadas.

A essa altura, nas comunidades e favelas, o hip-hop já havia conquistado prestígio local e se constituído como a elite intelectual das quebradas. De natureza transnacional, podendo ser visto como um grande fórum mundial de jovens pretos e pobres procurando alternativas na área cultural para enfrentar os efeitos da globalização neoliberal, o hip-hop entre nós sempre teve características próprias.

Em primeiríssima instância, afirma-se como uma forma de ativismo através da cultura e propõe uma postura política não apenas reativa ou mesmo de resistência, mas visceralmente proativa, compromissada em dar visibilidade e promover a transformação das condições de vida de suas comunidades de origem. Considero o hip-hop hoje, tal como praticado nas periferias dos grandes centros urbanos brasileiros, como uma das formas mais criativas e eficazes dos vários usos possíveis da cultura como recurso inclusivo, de geração de renda, de promoção de conhecimento, de estímulo à educação formal e, portanto, de autoestima.

O diferencial do hip-hop pode ser resumido através de ações culturais que privilegiam a ação pedagógica, em lugar do confronto agressivo, com excelentes resultados para as comunidades pobres. De uma forma mais geral, o que é reivindicado é o acesso à cultura, visto como um direito básico de todos os cidadãos e identificado como uma das grandes carências dessas comunidades e fator estratégico de qualquer projeto de transformação social.

Algumas prioridades: visibilidade para estas comunidades através da divulgação intensiva da informação sobre a condição de vida nas favelas, sobre os desejos e as demandas dos habitantes dessas comunidades. Ao lado do rap, a literatura marginal, periférica ou divergente, como é chamada, torna-se a mídia mais agressiva no sentido da conquista da visibilidade, ganhando aqui um status de luta. No contexto da própria criação literária, cria-se um compromisso de redistribuição dos saberes adquiridos, e na formação de novos quadros nas comunidades de origem.

Exemplar nesse sentido é o escritor Ferréz quando assume publicamente a articulação de sua literatura em estilo e em ativismo com o movimento hip-hop.

Outros dois casos notáveis do papel instrumental da literatura como fator de mobilização dos direitos culturais de uma comunidade são o caso Cooperifa, do poeta Sérgio Vaz, da literatura de Alessandro Buzo e do movimento que coordena, o Favela Toma Conta.

Ferréz começou a escrever cedo. Chega a publicar, em 1997, *Fortaleza da desilusão*, mas firma-se como escritor e liderança cultural com *Capão pecado*, publicado em 2000.

Nesse livro, já se pode perceber uma certa diferença de projeto literário em relação a seu antecessor, *Cidade de Deus*. Não estou pensando nesse caso em critérios de qualidade. Nem valorizando um em detrimento do outro. Apenas acho que marcar a distinção entre dois dos livros mais importantes da literatura brasileira sobre a vida nas periferias urbanas ajuda, nesse momento, a entender um pouco melhor o que seria a literatura marginal, tão em foco hoje em dia, até nos meios acadêmicos mais resistentes. *Cidade de Deus* é um livro belo, denso, literário, com estruturas heroicas definidas, e revela, sem piedade, o universo da violência no conjunto habitacional carioca, chamado Cidade de Deus. Torna-se um *best-seller* exatamente porque descreve com maestria aquele pedaço desconhecido da cidade e do mundo. Já *Capão pecado*, que, em princípio, se proporia a mesma proeza, o faz de forma bem diferente. Em primeiro lugar, seu público-alvo parece não ser tão abrangente. Ainda que como toda boa literatura, o texto de *Capão* se abra para qualquer leitor, alguma coisa nos diz que esse livro foi escrito para ser lido por aquela própria comunidade. Outro ponto de distinção em relação a *Cidade de Deus*, é que *Capão* toma como ponto de partida um viés diverso do cânone letrado: ao contrário, parece que ele vai procurar uma sintonia fina com o universo hip-hop. Não falo aqui de uma estrutura rítmica e musical organizada como aquela da poesia falada pelos rappers. Mas de um *ethos* mais geral, uma levada de encadeamentos, de associações recorrentes, o pacto com a crônica do gueto e com convocação dos manos para a ação. No livro, temos a presença de Mano Brown (líder do grupo de rap Racionais MCS, também morador de Capão Redondo), que comanda as epígrafes de cada capítulo. Sintoma. Sintoma de uma dicção coletiva como é a dicção hip-hop. Sintoma de uma militância cultural inseparável da criação literária. Junto com Brown, Ferréz cria o movimento 1DASUL[1], uma usina cultural que, entre outras atividades, tem um selo musical próprio e a grife Irmandade (um conceito fundamental da cultura hip-hop), que hoje já se desdobra em empregos, produtos, pontos de venda. São inúmeras as atividades políticas e educacionais de Ferréz no Capão indissoluvelmente ligadas ao sentido de sua atividade como escritor. Na área literária propriamente dita, Ferréz organizou dois números especiais da revista *Caros Amigos*, chamados "Literatura Marginal", que reúnem e divulgam escritores da periferia, abrindo espaço para os talentos locais. Esses números antológicos foram, a meu ver, seminais no sentido de que *Caros Amigos* tem uma circulação mais ampla e diversificada, tem a atenção dos antenados, uma boa distribuição, e me parece que foi aí, nesses números especiais, que nasceu e se firmou a noção de literatura marginal como a nova expressão literária das periferias.

Com o passar do tempo, essa expressão, muitas vezes chamada também de literatura periférica, ganha corpo, vários autores surgem e se consolidam, como Sérgio Vaz, Alessandro Buzo, Sacolinha, Allan da Rosa, Nelson Maca, e tantos outros, a prática dos saraus se dissemina e chega a reunir mais de quatrocentas pessoas comungando literatura. A força dos saraus, suas estratégias e particularidades na recepção das leituras de poesia por parte de um público aparentemente não iniciado em literatura é um fenômeno único e que já começa a ser objeto de estudos e teses acadêmicas. Para além dos saraus, mas não desvinculados de sua prática e da experiência destes eventos, novos mediadores de leitura se formam sob a liderança dos autores periféricos que atuam em escolas, oficinas e leituras em espaços públicos, bem como prolifera uma atividade editorial independente não menos intensa, na qual um dos pontos altos são as Edições Toró, com um perfil gráfico inovador e surpreendente.

Nesse panorama é buscada a força estética, mas sobretudo política da palavra. Procura-se ter acesso à palavra poética que encanta, mas também ao poder de que quem detém e manipula com destreza e segurança a prática da palavra cotidiana, da palavra política, da eficácia socioeconômica dos muitos usos da palavra.

Mas volto a Ferréz e à sua obstinação em formar leitores, reunir os escritores que vêm da periferia, disseminar e dar visibilidade à nova literatura marginal.

E é aí que começa nossa novela. Tudo indica que a literatura marginal e seus autores, além de procurarem uma escrita de denúncia, de resistência, de compromisso com a transformação social, honrando suas raízes hip-hop, buscam também um lugar na série literária.

Enquanto fenômeno social, expressão de guetos, escrita do "outro", denúncia, a literatura marginal é toda aplausos. Enquanto objeto de estudos e teses de sociologia, antropologia, história e mesmo geografia social, estamos diante da criação de uma discursividade nova e interessante. Não há mais dúvida, o pobre tomou a palavra e ganhou voz ativa, dispensando intermediações e criando dicções próprias.

Mas minha questão agora é outra. Eu sou profissional da área de Letras desde 1965. Ferréz é escritor. Como Ferréz, outros escritores estão envolvidos num movimento vindo das periferias, chamado literatura marginal.

Pergunta: esse fenômeno é apenas um fenômeno sociológico no qual um grupo marginalizado toma a palavra? Essa literatura é considerada (ou tolerada) apenas porque vem das margens? Ou estamos diante de um fenômeno novo de cunho realmente literário? No meio acadêmico, onde vivo, essa questão ou é descartada como irrelevante ou sinaliza encrenca.

Primeiro argumento desqualificante: a norma culta. Esses escritores escrevem "errado", não apresentam um trabalho pertinente com a linguagem por falta de domínio da língua, portanto não fazem literatura. Esses escritores não têm formação literária. Ou seja, não conhecendo os grandes autores, não apresentam nenhuma filiação na série literária, o que os elimina de uma possível candidatura à inserção a médio prazo no cânone literário. Resumindo: para grande parte da academia, e mesmo da crítica, a literatura marginal não pode criar no trabalho com a linguagem aquilo que é conhecido como o específico literário.

Esse veredicto não é final nem muito interessante enquanto debate. Nem essa procura obstinada pelo chamado específico literário nos levaria muito longe.

Por isso sugiro dar uma olhada no segundo livro de Ferréz, o *Manual prático do ódio*. Antes de mais nada, é muito bem escrito. Quando digo muito bem escrito quero dizer que é muito cuidado do ponto de vista do trabalho com a palavra propriamente dita, uma evidente sofisticação no trato com a oralidade, tem uma linguagem econômica e forte, uma levada voraz e uma estrutura narrativa bastante complexa. Vamos por partes.

A primeira e mais óbvia é que é, assim como o *Capão pecado*, o retrato de um território humano – como diria Milton Santos – bastante definido. De um território circunscrito a algumas quadras, de um CEP no máximo. Mesmo que geograficamente eu não esteja correta quanto à extensão do local onde se passa a ação, o sentimento que recebi como leitora era de extrema proximidade entre espaços, pessoas, reações.

O narrador, por sua vez, me parecia tão comprometido com o local de sua fala que essa, de certa forma, se torna porosa e, portanto, excessivamente receptiva e aberta à dicção local. Assim como se o autor dividisse a autoria da obra com o território da ação. Muitas vezes temos a sensação de que aquela quebrada fala através do autor de seu relato. É um caso bem novo e interessante de autoria que, por se querer hiperlocalizada, traz em sua construção mesma uma estratégia expressiva que começa a ser desenvolvida pelas culturas locais em tempos de globalização. O verbo *glocalize* já entrou para o léxico do mercado cultural desses últimos anos.

É importante ainda observar que o eu-coletivo sempre foi uma alternativa eficaz de empoderamento das dicções literárias das minorias de gênero e etnia. Mas não penso ser essa a opção de Ferréz. Mesmo que traga consigo esta tradição narrativa, a narrativa desse autor parece mais interessada na marcação pesada do local, do território como personagem mesmo, do que como vozes coletivas como é o caso da literatura de mulheres ou negros. Voltarei mais tarde a esse ponto ainda que sob um ponto de vista bastante diverso.

No momento, me interessa conferir a inserção literária do romance de Ferréz bem para além de seus aspectos sociais e ativistas.

Muito simplificadamente, o livro é sobre um assalto sendo planejado e executado por um grupo de amigos. O que primeiro salta aos olhos é que o assalto em si interessa pouco e conduz de forma absolutamente secundária a trama do livro. A real trama é a aprendizagem do ódio, do medo e do amor. A violência, um segundo tema também previsível como o forte do livro, existe, é verdade, mas não protagoniza a narrativa como é o caso da literatura de Rubem Fonseca e tantos outros que se destacaram especialmente nas últimas décadas. É uma violência muitas vezes explosiva, mas nunca espetacular. Muito ao contrário, o que surpreende é o lugar dessa violência como condição mesma de um contexto, como entorno da vida de personagens comuns que, como todos nós, têm emoções, prezam a família, amam, têm ciúmes, fazem sexo e sonham com um futuro mais tranquilo. Isso é um choque para o leitor que não vive nos cenários do crime e termina promovendo uma forma de identificação ou, pelo menos, compreensão, do personagem agressor, ainda não conhecida na nossa literatura.

Indo mais fundo, essa é a expertise que assusta em Ferréz. Ele detém o entendimento das razões do ódio e da violência. E as relata para quem também sabe essas razões. Relata para seus manos. Não são necessárias grandes explicações nem descrições sensacionais. A violência nunca se tornará um espetáculo nesse quadro. Entre o narrar e o descrever, a solução de continuidade é mínima.

Posto isso, o resultado é que *Manual prático do ódio* elabora uma forma bastante especial de contar a preparação de um assalto. Cada personagem entra em cena com tudo. Como se uma câmera escondida lesse os pensamentos e razões de cada um dos retratados em pequenos gestos, lembranças, fatos e até momentos de pequenos deslizes líricos. O primeiro é Régis, possivelmente o personagem central da história, menos por sua importância na trama do que por conduzir de certa forma a leitura e os exercícios previstos nas instruções desse manual prático.

Pelo menos é Régis o escolhido para abrir o primeiro capítulo, não à toa intitulado "Os inimigos são mais confiáveis". Em seguida, Lucio Fé, Celso Capeta, Neguinho da Mancha na Mão, Aninha e talvez até o Mágico vêm, na mesma pista, sendo apresentados dentro e fora, no pensamento e na ação, na lembrança e na reação. O olhar de Ferréz insistindo renitente na tomada, nas descrições em campo e contracampo. Nada se fixa. O terreno da quebrada não é firme.

O texto de Ferréz vem em vertigem, encadeado, muitas vezes aflito, procurando onde é possível colocar um ponto. Parágrafos longos como grandes *travellings*. Um romance de busca, diria eu.

A arquitetura dos capítulos é um caso à parte. Continuo na ideia da procura. Como flagrar o momento do ódio? Ferréz capricha na construção de um grande mosaico de pequenos abismos, de vidas que não conseguem se fechar numa coerência qualquer, seja pública ou privada.

Lembro de mim, quando jovem, estudando encantada pela teoria marxista do herói burguês no romance oitocentista. Um herói que, por sua trajetória individualista, estava fatalmente destinado a um final de fracasso, um desfecho trágico. Penso nos pequenos heróis de Ferréz, bem mais reais, porque na realidade não são heróis, são representantes de sentimentos e sentidos profundamente identificados entre si. Refugiam-se na semelhança de uma falta difícil de definir, da dor, "o mundão lá fora, a mágoa ali dentro". Pura literatura.

E aqui abro um parêntese para a reclamação recorrente da crítica mais reativa ao estatuto literário da literatura marginal, que é o português incorreto. Esse certamente não é o caso de Ferréz nem ninguém o acusou disso. Mas é o caso de alguns dos escritores da literatura marginal ou mesmo da reprodução de "erros" quando o texto ou o desenho de um personagem pede coloquialidade. Pessoalmente acho esse um debate interessante porque fala do direito ao livre uso da língua, de preconceitos linguísticos e de muito mais do que o simples assunto gramatical pode sugerir. Atraída pela questão, fui procurar com lente de aumento, na escrita e na fala marginais, quais seriam esses erros tão agressivos à norma culta do português brasileiro. E, para meu espanto, o mais frequente, o grande, e talvez mesmo o único, problema gramatical "marginal" é a concordância verbal. Ou seja, o "nós troca ideia". Me assustei. Esse é o nó da questão. Esse é um nó dessa estética. Me vem à cabeça um cumprimento fraterno corrente nas periferias entre os manos: "Tamo junto e misturado". O eu e o nós embaralhados, identificados, numa referência bem mais forte do que a ação que se segue.

Não o "erro", mas a questão epistemológica de fundo que a indecisão na concordância verbal traz, provavelmente sugere e mesmo define a opção estrutural de *Manual prático do ódio*. O texto corre embolado, nítido, cheio de perspectivas prismáticas, tentando registrar ora o sentimento, ora a agressividade, ora a nostalgia, ora a gratuidade explosiva, enfim, as várias faces e dimensões dessas vidas visceralmente ligadas entre si. O mosaico tão delicado quanto violento de Ferréz é uma das tapeçarias mais belas sobre a natureza daquilo que foi referido de forma brutal num documento da onu como "a humanidade excedente". O título do último capítulo coloca uma pergunta interessante: "Onde tem ar por aqui?". A essa pergunta, Régis, nosso personagem inicial, baleado, responde com uma última tentativa de sorrir que "se estilhaça como um copo de cristal arremessado com força contra a parede". Firmeza.

É difícil parar de contar a história e o impacto da nova literatura marginal que certamente nos dará desdobramentos ainda impossíveis de avaliação hoje. O que, entretanto, pode ser dito é que junto com uma nova literatura podemos perceber simultaneamente uma nova forma de fazer e experimentar a política. Aqui, entram em cena claramente novos atores e novas demandas. São atores não sociais que parecem ser formados prioritariamente por orientações culturais e cuja maior demanda é a demanda pelo direito de serem atores. Aceitando a sugestão de Alain Touraine, não posso deixar de concordar que a prioridade de nossa reflexão hoje, como teóricos e pesquisadores, deve ser a reinvenção de uma ética que seja a expressão de uma moral em situações sociais particulares.

NOTA

1 http://blog.ferrezescritor.com.br/2005/06/o-que-1dasul.html

MARGINAIS & MARGINAIS

Publicado originalmente em *Boletim do Kaos*, nº 13, São Paulo, 2013.

Nos anos 1970 do século passado, surgiu, com força total no Rio de Janeiro, um movimento literário chamado poesia marginal. No século XXI, vemos em São Paulo a consolidação de um outro movimento chamado literatura marginal. Coincidência? Existe algum parentesco entre os dois movimentos chamados marginais?

À primeira vista, eu diria que não. Os poetas marginais cariocas eram, em sua quase totalidade, universitários, pertencentes à classe média, digamos uma classe média mais para alta do que para baixa, pregavam a alegria e a irreverência, e eram claramente contraculturais. Ou seja: contra a literatura estabelecida, contra o mercado, contra o sistema. Produziam domesticamente seus livrinhos descartáveis, no regime de cooperativas, e enfrentavam o momento pesado e ameaçador da ditadura militar com leveza e bom humor. O nome marginal vinha por conta de uma posição contra o sistema, fosse ele político, religioso, educacional, ou mesmo literário. Aparentemente, não se queriam escritores e, como diziam, escreviam "ao acaso", tentando fundir vida e obra. Marginais, portanto, por vontade própria, por decisão e opção ideológica e literária.

Já os escritores que compõem a literatura marginal, cujo quartel general são as periferias de São Paulo, são de classe baixa ou média baixa, moram em comunidades desassistidas pelo Estado, com problemas sérios de infraestrutura, saúde e educação. Sem falar na violência gerada pelos embates contínuos do tráfico de drogas. Pregam a escrita como arma, a ação em prol de suas comunidades, a guerrilha de informação com a qual desafiam a invisibilidade que lhes foi imposta e, sobretudo, pregam o compromisso com a educação e o domínio da palavra como legítimos instrumentos de poder.

Não são exatamente contra o "sistema", como seus antecessores cariocas, mas exigem, com garra, ingerência nesse sistema. Não são contra a cultura nem contra a instituição literária, mas exigem o direito de acesso à cultura como leitores e como criadores. Finalmente, não são como seus colegas dos anos 1970, marginais por opção, mas sim marginais por exclusão involuntária. E, pela rapidez e firmeza do movimento, estão na direção certa para, mais cedo do que se imagina, deixarem de ser marginais.

Entretanto, se chegarmos mais perto dos dois fenômenos marginais em pauta aqui, podemos começar a identificar algumas semelhanças que não são de se desprezar.

Ambos são estratégias de enfrentamento de contextos ou situações adversas. O primeiro fazendo frente à situação de arbitrariedade e violência da ditadura militar, o segundo, à situação de desigualdade e exclusão a que o Estado e a sociedade os relegaram.

Em ambos, ainda que com fortes diferenças mas nunca divergências, a palavra e a poesia tornam-se recursos e mesmo armas na luta contra a invisibilidade, o silêncio, a violência. Ou, para usar um termo da década de 1970, ao "sufoco" de uma situação adversa.

Em ambos, vemos a experiência de novas formas de fazer política. Nos poetas marginais, o uso do humor e do vitalismo como instrumento de transformação e enfrentamento político, nos autores da literatura marginal, o compromisso não mais com a resistência, nem com o enfrentamento, mas com uma política proativa, de ação pragmática, na qual a cultura é arma e moeda para a inclusão social e a transformação de suas quebradas.

Em ambos, a articulação produtiva entre música, ritmo e palavra. Se os marginais dos anos 1970 tinham uma ligação visceral com o rock, seu estilo, comportamento revolucionários, nos 1990, a literatura marginal já nasce comprometida com a estética e com o impulso transformador do rap. Nas apresentações – Artimanhas no primeiro caso, e Saraus no segundo – a afinidade profunda entre música e literatura se mostra não apenas visceral, mas sobretudo funcional em termos de tradução do potencial transgressor de sua época.

Nos dois projetos de criação literária marginal, o sistema editorial, um tanto perverso e viciado nos quesitos preço e raio de alcance da distribuição, se mostra pouco adequado ou suficiente para o propósito libertário marginal. O resultado é, ainda em ambos os casos, o investimento criativo em novas políticas editoriais mais independentes, eficazes e afetivas em relação ao livro e à palavra. A prova disso são as atividades desenvolvidas nos anos 1970 pelos selos cariocas Nuvem Cigana, Capricho, Vida de Artista e muitos outros, e, agora, nos selos paulistas Toró e Livros do Povo.

E, finalmente, em ambas, uma bandeira valiosa: a defesa do direito de invenção da linguagem como instrumento próprio de expressão, desafiando a norma culta e o preconceito linguístico. Tanto na poesia marginal dos anos 1970 quanto na literatura marginal de hoje, o que há de mais importante é a firmeza de uma experiência inovadora com a oralidade, com a musicalidade, com os recursos expressivos de seu próprio CEP.

Não é uma grande surpresa o fato de que os dois movimentos – ambos autodenominados marginais – tenham causado a irritação e gerado ácidas polêmicas na academia e entre os puristas da língua e do cânone literário. Afinal, não é sempre que se consegue colocar, em zona de risco e com eficácia, a pergunta que, há várias décadas, não quer calar: afinal, o que é literatura, para que e para quem deve servir?

O OUTRO POSSÍVEL

Publicado originalmente em *A arte do intercâmbio cultural*, Ilana Strozenberg e Paul Heritage (orgs.), Rio de Janeiro: Editora Circuito, 2018.

O tema, ou melhor, o paradigma teórico mais recorrente na vida dos estudiosos das políticas e das artes neste momento é o compartilhamento. Além da velha e resistente inter, multi, trans e pós-disciplinariedade, essa longa trajetória da erosão da compartimentação dos saberes disciplinares e fragilização de fronteiras radicaliza-se agora num modo de criação e produção diferenciados chamados pelos nomes de *coworking, startups*, cogestão, espaços *makers* – a nova bandeira dos processos da produção cultural inovadora. A ideia principal aqui não é só baratear custos, mas, sobretudo, possibilitar conexões entre profissionais de diferentes competências, a mistura de projetos comerciais, empresariais, independentes, criadores. A eficácia da combinatória de conhecimentos e metodologias, a criação de uma comunidade de interação vem se tornando, cada vez mais, um critério de produtividade e inovação. Este movimento parece ter sido o efeito de dois segmentos produtivos recentes e impactantes: o segmento da economia criativa e o da tecnologia. Enfim, um novo mundo que sinaliza a urgência de novas estratégias e processos de criação e produção.

É interessante que Jean-François Lyotard já tenha previsto e anunciado, no seu livro, *A condição pós-moderna*[1], de 1979, uma séria transformação em curso na noção de valor da criação artística ou da produção de conhecimento. Afirma Lyotard que a noção de "novo" havia perdido eficácia como critério de avaliação. Ao contrário, a criação pós-moderna se daria na articulação entre segmentos de discursos diversos, entre linguagens artísticas e/ou científicas, e a partir dessa articulação seriam definidos seu valor e sua originalidade. Ou seja, há quase quarenta anos, Lyotard já diagnosticava o sentido inovador da troca entre discursos e linguagens distintas, e, por conseguinte, da sintaxe como elemento produtivo por excelência.

Ao falar em sintaxe, articulação, compartilhamento etc., é inevitável falar também em diferença. Esse é um termo quase caixa-preta, de difícil definição, mas, ao mesmo tempo, urgente neste momento de crescentes e implacáveis xenofobias e intolerâncias. Nesse quadro, torna-se crucial pensar e repensar em como atuar e como perceber as infinitas implicações dessa noção e de sua abordagem. Não me sinto capaz de, neste momento, propor modelos ou mesmo formas novas para lidar com esse velho problema que é o encontro, ou mesmo embate, com o outro.

A partir dessa fraqueza, me proponho aqui a descrever minha própria experiência de uma intelectual, branca, de classe média, que, durante toda sua carreira profissional, perseguiu a obsessão pelo outro. Assim, falando na primeira pessoa, sinto que tanto o papel do intelectual e do artista, quanto do ativista – em relação ao confronto ou percepção da diferença – tem uma longa trajetória.

Na realidade, é só tardiamente que a alteridade adquire relevância ontológica na filosofia moderna, ganhando uma centralidade definitiva na filosofia ligada ao pós-estruturalismo, quando o "outro" passa a ser entendido como parte constituinte do "mesmo". Esse ascenso da importância da alteridade me parece que se aplica com bastante evidência à análise da revolução jovem dos anos 1960, com o vendaval "sexo, drogas e rock'n'roll". É o momento da já histórica revolução comportamental, do choque da chegada do homem à lua, da luta pelos direitos civis dos negros, da pílula anticoncepcional, de Mary Quant e sua minissaia e do imbatível tema dos efeitos mais amplos da liberação sexual.

Por outro lado, uma observação mais atenta pode perceber como o *ethos* libertário daquele momento parece responder mais diretamente a uma outra descoberta da época, mais impactante e mesmo mais desestruturante que todas as anteriores, e que pode iluminar seu significado. Falo da surpreendente "descoberta do outro", fator decisivo nas formas de lutas e resistências culturais que desenharam a década de 1960.

Neste caso é importante sublinhar o fato de que, desde o final dos anos 1950, a Europa vinha assistindo a uma inédita sucessão de guerras de descolonização que alteraram de forma definitiva o perfil não apenas econômico, mas, sobretudo, cultural do chamado Primeiro Mundo. Resumindo a enorme agitação histórica do período 1950/60 temos: em 1956, a Independência da Tunísia e do Marrocos; em 1957, a Independência de Gana; em 1958, a Independência da Guiné francesa; em 1959, a da Guiné Portuguesa. Em 1959, a Independência das colônias francesas ao sul do Saara. Em 1962, a Revolução da Argélia. Já na virada da década, assistimos ao crescimento do nacionalismo na África Negra e a uma sequência de insurreições: 1960, Guerra Civil no Congo; só no ano de 1961, temos o assassinato de Patrice Lumumba, a agonia do Congo, o levante de Angola, a retomada pela Índia de Diu e Goa – possessões portuguesas –, a Independência da Rodésia do Sul e da África do Sul. Em 1962, a Independência de Trinidad-Tobago; em 1963, a Independência do Quênia e de Zanzibar; em 1964, a emblemática prisão de Nelson Mandela e a insurreição de Moçambique; em 1965, a Independência da Rodésia; em 1967, a Guerra de Biafra na Nigéria. Finalmente, em

1968, o estopim da rebelião jovem que foi a Guerra do Vietnã, que durou sete longos anos.

Fiz questão de registrar exaustivamente essa sucessão de guerras e rebeliões de descolonização – ainda que incompleta –, porque julgo que esses acontecimentos, mais do que as revoluções comportamentais da década, são os que, na realidade, mais sinalizam a chegada convulsiva e os desdobramentos futuros do que viria a ser conhecido mais tarde sob a logo de "os anos 1960".

Insistindo em trazer o sentimento e a experiência dessa época, cito Sartre no prefácio a *Les damnés de la Terre*[2], a clássica obra de Frantz Fanon sobre a luta contra o colonialismo vista na perspectiva da dialética da relação do senhor e do escravo. Escreve Sartre: "Há não muito tempo, a terra tinha dois bilhões de habitantes: quinhentos milhões de homens e um bilhão e quinhentos milhões de nativos. Os primeiros tinham a palavra, os outros simplesmente a usavam".

Portanto, os anos 1960 foram o momento em que todos esses "nativos" se tornaram seres humanos. Essa, sim, foi uma autêntica revolução de repercussão política, tanto nas políticas externas das metrópoles quanto nas políticas internas das diversas sociedades nacionais. Ou seja, as guerras de descolonização naquele momento definiram mudanças significativas simultaneamente no que diz respeito aos súditos externos – ou os "nativos" habitantes das ex-colônias – quanto aos súditos internos, os "outros" desses países – os negros, as mulheres, as minorias. Foi a essa luta que os jovens rebeldes de 1960/1968 se agregaram com paixão e imaginação.

Nesse panorama, no qual diversos segmentos da cultura responderam com força e espanto às novas vozes que surgiam no cenário, os intelectuais e artistas encontraram seu lugar numa espécie de militância apaixonada e imaginativa, abrindo espaço para a manifestação das antigas alteridades, que agora surgiam como os novos sujeitos políticos. A luta dos negros pelos direitos civis foi decisiva e talvez a mais impactante de todas, seguida pelo movimento feminista que eclode nesse momento reclamando direitos libertários, já bem distantes das demandas das sufragistas dos anos 1920. Simultaneamente, e de maneira curiosa, o jovem se institui como sujeito político independente de suas origens de classe, étnicas e religiosas, o que surpreendeu as análises históricas e políticas ainda baseadas na noção de classes sociais.

Esse me parece ter sido o momento no qual explode (ou implode) a consciência do outro na produção cultural dando lugar a todas as consequências trazidas por seu forte impacto.

No Brasil, no quadro da política populista-revolucionária de João Goulart, a relação com o "outro" tomou a forma de forte apoio aos sindicatos e às ligas camponesas, além de um trabalho direto e pedagógico de conscientização voltado para os habitantes das favelas ou de regiões de baixa renda.

Depois do golpe militar que depôs João Goulart, sob a mão da ditadura militar, esse "outro" foi configurado na imagem generalizada do "pobre", uma vez que os movimentos de minoria não tiveram o mesmo espaço e, portanto, não floresceram como em países de sistemas democráticos. Naquele momento, entre nós, o intelectual falava com segurança sobre e pelo povo, ou o "outro", convicto de sua própria legitimidade representativa, com sentimentos de satisfação e orgulho.

Mesmo com o redirecionamento necessário do protagonismo das minorias, os anos 1960/1970, no Brasil, começam a se sensibilizar com aquilo que ganhou o nome de alteridade e foi se consolidando politicamente nas décadas seguintes.

Assim, a partir dos anos 1980, durante a distensão política, a posição relacional de fala e ação dos artistas e intelectuais muda de lugar e de função. Foi a época dos ativismos juntos às minorias, levados principalmente pelas ONGs ou pelo terceiro setor, que cumpriam com certo sucesso o papel de negociadores entre o Estado e os novos movimentos sociais que então se consolidavam à sombra das utopias multiculturais pós-modernas.

Mesmo reconhecendo os limites do multiculturalismo e, sobretudo, de uma possível democracia radical, no sentido de Ernesto Laclau[3], os intelectuais nos anos 1980 atuavam – e obtinham alguns resultados positivos – como tradutores culturais, com o objetivo de reequilibrar alguns pontos de força então em franco curto-circuito no campo político-cultural.

Eu disse, no início, que me permitiria, emergencialmente, falar em primeira pessoa sobre o longo caminho político e cultural dos encontros com a "alteridade", na medida em que minha vida profissional é profundamente enredada com a dificuldade da percepção e do lidar com as diferenças. Isto é, com a escuta do outro, com o exercício do encontro cultural, e, sobretudo, com a procura de um lugar de fala e de troca: possibilidades que experimento, assustada, cada vez mais ciente de sua complexidade.

Essa longa conversa me pareceu importante para registrar, ainda que no quadro limitado da minha experiência profissional, os sucessos e percalços do caminho em direção ao outro, e os vários formatos experimentados de articulação e colaboração entre linguagens e sujeitos distintos experimentados a partir dos anos 1960.

Posto isso, fecho essa cena e volto ao começo desta fala, de forma tão abrupta quanto foram as mudanças radicais que se anunciaram na virada do século XXI.

O século XX terminou em grande estilo trazendo duas novidades que deixariam para trás qualquer sinal de solução de continuidade da, digamos, descoberta do "outro" dos anos 1960. Refiro-me à emergência das vozes das periferias, especialmente através de um ativismo cultural proativo, autossuficiente, que mostra uma inequívoca força política e cultural autônoma, e ao impacto decisivo das tecnologias digitais e da natureza rizomática e incontrolável das mídias sociais. O que fazer diante dessas duas variáveis que, de certa forma, recolocam para o artista e para o intelectual uma segunda descoberta do "outro", não menos desconcertante do que aquela a que me referi como o motor da rebelião jovem dos anos 1960? A grande diferença é que esse novo "outro" surge com uma razoável autonomia e vem das bordas metropolitanas, bem mais próximo e familiar do que os "nativos" das guerras de descolonização.

Por outro lado, a segunda grande novidade, a cultura da web, potencializa de forma inédita, para um público extenso, que atravessa as diversas classes sociais – incluindo-se aqui os segmentos das minorias raciais e sexuais – propiciando e estimulando a criação de redes de mobilização, empoderamento e visibilidade. Além disso, promove também um acesso inédito à informação, diferentes expressões culturais e horizontes ideológicos.

Na mesma clave, o universo digital e suas redes apontam para a possibilidade de novas formas de conexão entre diferenças, saberes e modos de produção, estimulando essas interações em inúmeros formatos como os chats, o Facebook, o Instagram, o Twitter e os blogs, entre inúmeros outros, que se multiplicam a cada dia.

É neste contexto que surgem as noções e as práticas conhecidas como conhecimento compartilhado, inteligência coletiva (Pierre Lévy)[4], inteligência simbiótica (Norman Lee Johnson)[5] ou sabedoria das multidões (James Surowiecki).[6]

O que consolida uma inteligência coletiva, segundo Lévy, não é a posse do conhecimento – que é relativamente estática –, e sim o processo social de aquisição do conhecimento – que é dinâmico e participativo –, testando e reafirmando os laços sociais. Essa seria uma nova forma de pensamento sustentável e uma espécie de democracia em tempo real, pelas possibilidades de interação livre entre os pares, dando-se, é claro, o devido desconto para o atraente otimismo de Lévy. Finalmente, afirma, em grande estilo, que a inteligência se expressa, principalmente, na capacidade de reconhecer o outro.

Volto, mais uma vez, de forma abrupta, para a trajetória do meu DNA 1960, a esta altura já bastante corrompido. Considerando o impacto, tanto das interações e dos novos modelos de criação e produção no ciberespaço, quanto da força e constante expansão das estratégias políticas e artísticas vindas das periferias – que, nestas duas últimas décadas, vinham mostrando um potencial explosivo –, decidi criar um laboratório na universidade com artistas, lideranças, ativistas e produtores culturais das periferias. Me interessava particularmente a questão das possibilidades da tradução cultural e da produção compartilhada de conhecimento dentro da academia, onde está localizado meu campo de trabalho.

Foi assim que, em 2009, no contexto do Programa Avançado de Cultura Contemporânea, vinculado à Faculdade de Letras, em parceria com a Agência de Inovação, ambos da UFRJ, foi criado um laboratório de Tecnologias Sociais, que denominamos de Universidade das Quebradas. A missão desse laboratório era articular professores, pesquisadores e alunos da universidade com intelectuais, artistas, ativistas e produtores culturais das regiões periféricas e favelas do Rio de Janeiro, que já tivessem um trabalho relativamente consolidado, com o objetivo de experimentar formas de produção de conhecimento compartilhada. Inicialmente, fizemos um piloto com dez artistas convidados e professores de várias origens institucionais. Esse piloto nos deu a noção das dificuldades a enfrentar. Percebemos que, na realidade prática, a nossa proposta de desconsiderar a hierarquia dos saberes colocava mais problemas do que supusemos ao concebermos o projeto. Me dei conta, ali, da minha primeira grande ingenuidade.

O conceito metodológico inicial que fundamentava esse piloto era o de "ecologia de saberes", desenvolvido, ainda que de maneiras diferentes, por Félix Guattari[7] e Boaventura de Sousa Santos.[8] Por "ecologia de saberes", esses autores entendem uma quebra significativa no equilíbrio sistêmico entre as diversas modalidades de saberes vernaculares e acadêmicos (científicos e técnicos), bem como a longa trajetória histórica de silenciamento de certos saberes não formais por outras formas dominantes de conhecimento. Para restabelecer esse equilíbrio, em novos termos, trabalhamos baseados na ideia de troca de conhecimento, com vistas a uma produção compartilhada de saber. Nossa meta se fundamentava em outro conceito, não menos estimulante: a noção de reconhecimento tal como desenvolvida por Axel Honneth.[9] Para esse autor, reconhecimento é uma relação produzida a partir de um conflito democrático por meio do qual indivíduos ou grupos conquistam autoconfiança (na esfera do afeto), autorrespeito (na esfera do direito) e autoestima (na esfera da solidariedade). Por outro lado, o conflito (ou negociação) democrático é aquele que amplia a integração e o reconhecimento da diversidade no conjunto da sociedade, alterando definitivamente o próprio padrão de socialização. Era mais ou menos essa procura de reconhecimentos que movimentos culturais como o hip-hop experimentavam através da busca de visibilidade e da articulação política explícita em suas atitudes proativas e de denúncia.

Com base nesses pressupostos, o currículo do laboratório da Universidade das Quebradas oferecia aulas expositivas no campo das humanidades em nível de graduação, associadas ao que chamamos de Território das Quebradas, que consistia num conjunto de seminários oferecidos pelos próprios "quebradeiros" sobre temas relativos à estética da periferia, história das comunidades a que pertenciam, e os paradigmas de conhecimentos utilizados nas expressões culturais das favelas e periferias. O resultado produzido por essas trocas acontecia num outro espaço, que denominamos de Território do encontro, destinado ao compartilhamento de projetos pessoais e de estabelecimento de trabalhos colaborativos.

Essa troca estabeleceu uma dinâmica pedagógica bastante particular que pretendia abrir horizontes para novas formas de produção de conhecimento menos especializados gerados a partir de articulações culturais inovadoras.

A proposta a que nos propusemos é tão desafiante e complexa que não me sinto confortável para relatar resultados conclusivos. Nem cabe aqui fazer a história detalhada destes oito anos da experiência na Universidade das Quebradas (UQ), em que as dificuldades e as barreiras que surgiram são bem mais estimulantes que os seus possíveis acertos. Mas se há um resultado que pode ser efetivamente afirmado agora é a riqueza desse processo.

De início, o encontro de saberes de pesos e níveis de legitimação diferenciados trouxe perplexidade. As diferenças tornam-se mais contrastadas e o não reconhecimento desse percalço é fatal. Diante do saber vernacular ou popular, os repertórios acadêmicos comportam-se mal. Ou os atores acadêmicos "facilitam" ou simplificam seu discurso, subestimando a capacidade de escuta dos atores periféricos, ou supervalorizam a produção das periferias, considerada mais forte por ser expressão de uma "experiência verdadeira" – atitude que muitas vezes resulta de uma carência de informação ou conhecimento empírico dos processos expressos na produção científica *lato sensu*. Por outro lado, os atores das periferias se intimidam, de forma surpreendente e mesmo inesperada, ao se conectar com este novo território. Difícil evitar armadilhas. A tradução cultural é falha em ambos os casos. O compromisso com o exercício de uma escuta forte parece uma saída razoável.

Depois da avaliação do projeto piloto, colocamos "a mão na massa", passando a tomar certos cuidados importantes. Em primeiro lugar, formatamos um edital, seguindo o modelo acadêmico, no qual os candidatos ao laboratório devem apresentar sua produção e/ou portfólios em material impresso, CDs ou vídeos. Para além de representar um rito de passagem para a entrada numa "torre de marfim", este item é avaliado com rigor para que os incluídos no projeto possam se constituir como interlocutores fortes nos processos de troca. No processo de seleção dos candidatos, não levamos em consideração nenhuma forma de titulação nem escolaridade, apenas seu potencial de interlocução – o que é mais difícil do que parece, dado o caráter subjetivo desse critério. Diante do grande número de avaliações precárias sobre esse dito potencial, a partir do segundo ano decidimos que a banca de seleção deveria ser formada por professores e ex-quebradeiros, na mesma proporção. A eficácia da escolha entre pares foi tal que, a partir da quarta edição, a seleção passou a ser totalmente feita por ex-participantes da UQ. Isso deixou bastante claro que a expectativa que tínhamos em relação aos selecionados eram baseadas em critérios sutilmente ineficazes, ou seja, percebemos em que medida a romantização dos saberes e performances populares pelos acadêmicos era praticamente inevitável e constituía um obstáculo ao projeto.

Outra dificuldade inicial com que nos deparamos foi o tempo necessário para a conquista de autoestima ou reconhecimento nos momentos iniciais do "curso". Era evidente a dificuldade dos quebradeiros para se situar no novo espaço acadêmico que lhes foi reservado, embora o objetivo fosse exatamente promover um deslocamento de cenário e ativar as consequências simbólicas dessa mudança de posição. Percebemos que a "adaptação" só começava a ocorrer a partir do segundo mês de atividades, o que era um tempo excessivo.

Colocamos o problema em discussão, e resolvemos criar um novo evento de abertura para cada edição do laboratório. Semelhante a uma cerimônia de "batismo" religioso, era diametralmente diverso da típica semana de calouros que marca a entrada na universidade, pondo à prova a resistência psicológica dos novos alunos com ações muitas vezes agressivas. Assim, instituímos a Chegança, ritual que me era desconhecido, mas é de grande importância em algumas culturas tradicionais. A versão de Chegança construída em conjunto com os alunos passou a ser uma recepção dos novatos pelos antigos participantes, seguida de troca de impressões sobre ganhos e temores e um lanche farto e belo compartilhado. Essa estratégia funcionou com cem por cento de sucesso e, daí para a frente, as atividades iniciais do projeto assumiram uma dinâmica mais rápida e fluida.

Do ponto de vista do conteúdo, também houve mudanças significativas. O programa da primeira turma havia sido pensado no sentido de aumentar o repertório dos envolvidos de ambos os lados. Os temas das palestras cobririam diferentes disciplinas como filosofia, história da arte, literatura, teatro etc., visando oferecer um panorama amplo do conhecimento humanista, desde o período clássico greco-romano até o modernismo. A proposta era que a equipe acadêmica ofereceria palestras de professores altamente qualificados e, no caminho inverso, os quebradeiros também organizariam palestras, seminários e atividades que pudessem expor, a um público acadêmico, questões sociais e culturais contemporâneas próprias dos seus locais de origem, o chamado Território das Quebradas. Num primeiro momento, foi uma alegria: zero conflito e um evidente aumento de repertórios em ambos os lados. Num balanço que realizamos em conjunto ao final da experiência, no entanto, percebemos que a troca havia sido claramente assimétrica. Que não tínhamos efetivamente conseguido articular os saberes, nem produzir formas novas de conhecimento, como era a missão assumida por nós na Universidade das Quebradas. Por outro lado, percebemos que a meta da participação dos quebradeiros era rejeitar a associação vigente de sua produção com as noções de exclusão e carência, com a qual, definitivamente, não mais se identificavam, colocando a periferia no lugar do contemporâneo, como bem expressa Marcus Faustini[10].

Nos períodos seguintes, tentamos "realinhar" nossas ações, modificando, anualmente, o eixo do programa, assim como experimentando diferentes formas de troca, e mesmo de encontro, nas quais a escuta fosse priorizada. Esse realinhamento foi feito com base em questionários semanais em que pedíamos aos participantes que expressassem suas sugestões e críticas sobre o programa e os processos de relacionamento. É importante lembrar que, ironicamente, os questionários foram aplicados apenas aos quebradeiros, mas nunca aos professores ou membros da equipe. As recaídas hierarquizantes foram contínuas e viciosas. A assimetria não fora resolvida. Sublinho que não estou me referindo, aqui, à assimetria entre os saberes – o que seria ingênuo – e, sim, à hierarquia presente na distribuição dos espaços e pesos de fala e de escuta.

Não cabe relatar todos os percalços e limites dessa experiência. Pretendo fazê-lo um pouco mais adiante, quando uma certa consolidação do projeto já estiver configurada. Por agora, posso dizer que foi quando passamos a tematizar a questão da troca em si, que conseguimos um aquecimento na própria natureza dos diálogos e confrontos. Um fator muito importante identificado ao longo das discussões foi a função central do afeto, talvez, provavelmente, devido a uma visível "cumplicidade de causa" entre as partes envolvidas no projeto. Ou, a um processo de ampliação espontânea do compromisso com o que Charles Siqueira, coordenador de projetos sociais e conselheiro da Universidade das Quebradas, chamou de "indivíduo não governamental" (ING), ou seja, aquele que assume a responsabilidade de devolver socialmente o capital adquirido, no caso, no contexto da Universidade das Quebradas. Outra observação importante é a de que ainda que as pessoas estejam ligadas pelo afeto, é fundamental assumir e apostar nas diferenças entre elas, tanto no que se refere ao peso dos saberes, quanto às desigualdades sociais. Esse reconhecimento das diferenças leva necessariamente à explicitação de conflitos surpreendentemente produtivos e, indo mais além, percebemos que o lócus ideal para nossa intervenção seria no interior da tensão entre desigualdades e diversidade.

Outro fator que produziu um ganho significativo na dinâmica de interações foi o uso da internet, através do site da Universidade das Quebradas[11] e das mídias sociais, como o Facebook. A comunicação digital aumentou enormemente a chance de estabelecer uma relação direta entre os participantes atuais e antigos da UQ, com a formação de redes participativas e produtivas. Curiosamente, embora pareça paradoxal, ficou claro, ao longo de nossa experiência, que a própria natureza das conexões a distância favorece a intensificação e a rapidez das articulações. A participação em comunidades na web é bem mais pessoalizada e mobilizadora do que a participação presencial dos sujeitos envolvidos. Assim, a ênfase na atuação nas mídias digitais mostrou ter um forte potencial de ampliação das práticas de trocas colaborativas através, por exemplo, de iniciativas como a criação de cartografias culturais com base no Google Maps, que amplifiquem a visibilidade e o reconhecimento dos territórios de origem dos participantes. Não é à toa que os estudiosos das formas de compartilhamento focam suas pesquisas na web, onde as diferenças parecem se tornar mais flexíveis e, portanto, mais passíveis de interlocução no diapasão da igualdade.

Um último ponto que eu gostaria de observar, entre os tantos que estou, lamentavelmente, deixando de lado, são os diferentes graus de dificuldade de reconhecimento do outro e, portanto, de produção compartilhada, nos diferentes campos de criação.

Percebo hoje uma clara tendência de autoria flexibilizada na literatura, na poesia e mesmo na prosa de ficção, bem como nas parcerias entre linguagens e territórios nas artes visuais. Uma evidência desse potencial foi o projeto Rio Occupation London, realizado por ocasião das Olimpíadas de Londres, e, também, em larga escala, nos produtos advindos da lógica colaborativa dos *coworkings* e dos *makers*.

Entretanto, ficou também claro, na experiência da Universidade das Quebradas, como a área da produção de conhecimento ainda é visceralmente regida pela ideia de propriedade intelectual, além da evidência de que o campo intelectual é bastante reativo no que diz respeito aos saberes informais enquanto valor de troca. Talvez seja essa a maior dificuldade e também o maior encantamento dos problemas que teremos que enfrentar agora na arena universitária.

Chegaremos lá?

NOTAS

1 Jean-François Lyotard, *A condição pós-moderna*, São Paulo: José Olympio, 1989.

2 Frantz Fanon, *Les damnés de la terre*, Paris: Éditions Maspero, 1961.

3 Ernesto Laclau, *Emancipação e diferença*, Rio de Janeiro: Eduerj, 2010.

4 Pierre Lévy, *Cibercultura*, São Paulo: Editora 34, 1999.

5 Norman Lee Johnon, *The symbiotic Intelligence and the internet: a deeper overview*, Los Alamos reports: LA-UR 97-1200.

6 James Surowiecki, *The Wisdom of Crowds*, Nova York: Anchor Books, 2015.

7 Felix Guattari, *As três ecologias*, Campinas: Papirus, 2002.

8 Boaventura Souza Santos, *O Fórum Social Mundial: manual de uso*, Porto: Afrontamento, 2005.

9 Axel Honneth, "Barbarizações do conflito social. Lutas por reconhecimento no início do século XXI", Civitas, vol. 14, nº 1, 2014 , p. 154-176. "O eu no nós: reconhecimentos como força motriz de grupos", Sociologias, ano 15, nº 33, 2013, p. 56-80.

10 Eliane Costa, "Entrevista com Marcus Faustini", in Revista Z Cultural, Territorialidades contempoâneas, PACC/UFRJ, nº 1, 2016.

11 https://www.universidadedasquebradas.pacc.ufrj.br

A QUESTÃO DO MÚTUO IMPACTO ENTRE A HISTORIOGRAFIA LITERÁRIA E OS ESTUDOS CULTURAIS

Publicado originalmente em *Cadernos do Centro de Pesquisas Literárias da* PUC-RS, vol. 10, nº 1, 2004, p. 33-38.

Ainda que correndo o risco de simplificação, eu hoje diria que os estudos culturais nasceram de uma carência de História no interior das práticas disciplinares.

Falando apenas do meu percurso de formação profissional, ou seja, falando de um universo mínimo, me vem de pronto à cabeça a presença de uma relação visivelmente tensa entre a historiografia literária e a teoria literária, especialmente por volta dos anos 1960 e 1970, que é o período no qual se manifesta com mais acidez a crise dos estudos literários. E, pelo que me lembro, essa crise se expressou em função de uma maior ou menor centralidade da História nas grades teóricas dos estudos literários. Eu, pessoalmente, como estudante, vivi a fascinação com o formalismo russo, com o *new criticism* (fui assistente do Afrânio Coutinho na Faculdade de Letras da UFRJ), com o estruturalismo, com tudo aquilo que parecia, na época, uma abordagem avançada ou "profissional" do lidar com o texto literário. Abordagens que, no quadro das políticas da teoria e dos enfrentamentos de poder no campo da produção de conhecimento, se fazia tomando como polo negativo a historiografia literária, a atenção ao contexto social e econômico, as armadilhas da biografia e dos traços subjetivos do autor. O confronto mais explícito e frente ao qual todo estudante deveria se posicionar naquela época, era o embate Afrânio Coutinho/UFRJ × Antonio Candido/USP, o embate do texto autocontido e do texto imerso na História e na sociedade.

Não foi à toa que Mikhail Bakhtin, um dos grandes inspiradores dos estudos culturais, numa entrevista à revista *Novy Mir* sobre a situação da pesquisa literária na União Soviética em 1972, lamentava duramente a falta de articulação entre os estudos literários e os problemas mais gerais da sociedade. Bakhtin observa que a ênfase que, por longo tempo, vinha sendo dada à definição das especificidades da literatura, terminou por bloquear articulações mais concretas entre a literatura e o contexto histórico da cultura de uma dada época, e que esse bloqueio fatalmente conduziria à marginalização da própria ideia de literatura.

Bakhtin chama ainda a atenção para a flutuação histórica das fronteiras das áreas da produção cultural e observa que sua vida mais intensa e produtiva sempre ocorre nas fronteiras de suas áreas individuais, e não nos espaços onde estas áreas tornam-se encerradas em sua própria especificidade.[1]

Outro momento chave para nós, pesquisadores de Letras, foi em meados da década de 1980, quando os estudos literários começam a responder com mais nitidez às demandas das transformações que vão marcar o fim do século XX. A interdisciplinaridade, o debate sobre a hegemonia do cânone literário, a interpelação da historiografia tradicional pelo novo historicismo, os estudos emergentes sobre a literatura oral, o forte impacto das teorias críticas feministas e étnicas, todas essas novidades apontam para uma inédita turbulência no interior do que Bakhtin havia identificado pouco tempo antes como a "falta de flexibilidade dos estudos literários".

Apesar disso, mesmo nesse momento de flexibilização, e quando os estudos sobre as chamadas "minorias" começaram a institucionalizar-se como área de conhecimento, a maior ou menor presença da historiografia nos modelos teóricos feministas e étnicos foi questão polêmica. Nesse caso, a grande atenção desses estudos à interpelação das formas da historiografia canônica tornou-se curiosamente o bode expiatório de uma suposta falta de cientificidade dessas novas teorias. Lembro-me que se desqualificava esses estudos como "empíricos" ou "sociológicos", expressões curiosamente bastante desagradáveis na época.

Mas, retomando nosso assunto inicial sobre o mútuo impacto entre os estudos culturais e a historiografia, e sobre a carência de História na episteme dos anos 1960 e 1970, vou me permitir voltar mais uma vez à lenda fundacional dos estudos culturais. Essa lenda nos relata que tiveram sua origem em meio à luta para a entrada da classe operária na universidade. Portanto, aqui já temos o cruzamento do que seria o nervo central dos estudos culturais: uma forma de produção de conhecimento agressivamente contextualizada e diretamente engajada com a formulação de ações ou políticas públicas.

Voltando a insistir nesse momento inicial, um grupo de sociólogos dedicou-se então a observar hábitos, costumes, modos de expressão e locais de sociabilização do cotidiano do operariado inglês, produzindo um conhecimento novo sobre essa teia de relações que extravasava em muito a clássica noção de classe conforme aquela da sociologia tradicional. Foi, portanto, recorrendo basicamente ao contexto sócio-histórico dessa "minoria" que algumas obras fundadoras foram produzidas. Entre elas, destaque para o *Uses of Literacy*, de Richard Hoggart, uma forma curiosa de autoetnografia sócio-historicizante do que é a vida de um cidadão *antes* e *depois* da alfabetização. Uma tentativa de Hoggart de romper com o positivismo científico da objetividade sociológica e concentrar-se na "subjetividade", no sentido de examinar a cultura em relação a vidas individuais. Só aqui, vemos um atropelamento disciplinar incessante, agravado pela infração maior: o uso da subjetividade como categoria de análise científica. Essa obra é considerada o marco do que chegou até nós como estudos culturais. Outro traço distintivo desses estudos – que não encontra equivalência em nenhuma outra formação disciplinar – é sua própria natureza vinculada visceralmente a contextos históricos e geopolíticos. Nesse sentido, vou recorrer a um conceito que me é particularmente caro que é a noção de *affiliation* de Edward Said.

Refiro-me à discussão de Said, em seu livro *The World, the Text and the Critic* [O mundo, o texto e o crítico][2], sobre o horizonte das teorias viajantes, ou seja, a trajetória do deslocamento de uma ideia ou de uma reflexão teórica entre culturas e comunidades acadêmicas até aquele *tópos* onde vai se afiliar essa mesma ideia ou reflexão. A pergunta de base para Said seria: a qual universo simbólico ou cultural essa ideia ou reflexão vai se dirigir como seu novo local de pertencimento ou afiliação? Onde a ideia migrante vai se sentir mais confortável, num novo quadro cultural diverso daquele onde foi originada?

Se a afirmação de Said é sugestiva ao se pensar numa ideia ou teoria criada num determinado contexto, que sofre um deslocamento espacial para um novo ponto geopolítico, a atual expansão da quase-disciplina Estudos Culturais vai se revelar como um importante sintoma das alterações que vem sofrendo a própria trajetória da migração de ideias e teorias.

Perseguindo de perto essa ideia de deslocamento, veremos que os estudos culturais mostram não apenas uma flutuação interessantíssima quanto à delimitação de sua área de pesquisa, mas ainda, e sobretudo, quanto à sua "afiliação" disciplinar.

O exame das diferenças entre os vários estudos culturais existentes hoje em diferentes contextos acadêmicos sinalizou ainda transformações significativas em curso nas próprias lógicas locais da produção de conhecimento.

Portanto, uma primeira conclusão a que podemos chegar é a de que eles talvez constituam a primeira área de conhecimento visceralmente contextualizada, uma área que só pode ser pensada em função de um dado contexto histórico, social e institucional. Ou melhor, o próprio exercício da produção de saber nessa área, dependendo do contexto em que se insere, migra de uma disciplina para outra, altera prioridades, determina discursos e práticas estruturalmente diversificadas. Em relação aos campos disciplinares, podemos também observar uma oscilação bastante clara quanto ao *tópos* eleito para sua "afiliação" e legitimação curricular.

Voltando à lenda fundacional dos estudos culturais e suas obras inaugurais, o *The Uses of Literacy*, de Richard Hoggart, e *Culture and Society*, de Raymond Williams – ambos sobre a dificuldade bastante específica da identificação dos efeitos culturais das desigualdades sociais –, e da fundação do histórico Birmingham Center for Contemporary Studies, digamos que os estudos culturais tenham se originado no campo disciplinar da sociologia e no quadro de uma Inglaterra profundamente marcada pelo panorama das transformações da classe operária do pós-guerra.

É ainda importante referir que a tendência inicial dos estudos culturais de trabalhar com novos sujeitos políticos, construídos fora do paradigma sociológico tradicional de "classe social", levou a uma demanda bastante particular: a de trabalhar a construção destes novos sujeitos recorrendo, prioritariamente, à sua historicidade, ou seja, à sua relação estrutural e estruturante com determinado contexto histórico e social.

Já nos Estados Unidos, encontram sua afiliação, bem mais tarde, por volta do final dos anos 1970, no campo dos debates e disputas em torno dos direitos das minorias e dos imigrantes. Como campo disciplinar, esses estudos afiliaram-se, preferencialmente, ao campo das letras. Uma das primeiras definições dessa nova área em terras norte-americanas é a de Fredric Jameson, até hoje uma liderança da área. Diz Jameson ainda nos anos 1970: "Os estudos culturais têm, como preocupação central, a análise 'da expressão cultural dos vários relacionamentos que os grupos entabulam uns com os outros'." Essa primeira definição não difere muito daquela do Centro de Birmingham. Entretanto, a expansão desses estudos, tanto nos Estados Unidos quanto na Europa, amplia seu campo de trabalho, incluindo agora os estudos feministas e os estudos étnicos, saldo eloquente das lutas políticas dos anos 1960. Ainda pensando a academia norte--americana, é importante lembrar que o surgimento dos estudos culturais vai se dar no bojo das guerras curriculares em torno do cânone – e, portanto, privilegiando a área de literatura –, e associado à bandeira do reconhecimento legal e formal do multiculturalismo. Também não é desprezível a lembrança de que essa nova área de conhecimento começa a batalhar sua legitimação acadêmica numa hora de altos escândalos e corrupções na administração das grandes universidades norte-americanas, acompanhados de cortes e arrocho nas finanças das maiores instituições de ensino superior do país. É nesse momento, sem dúvida tumultuado e de fragilização institucional, que esses estudos encontram nos Estados Unidos seu maior espaço de produção e militância.

Já na América Latina a história é outra. Os estudos culturais claramente definem, no início dos anos 1980, seu território como sendo o espaço acadêmico privilegiado para pensar a reinserção (ou a invenção) democrática em nossos países. Na liderança, sociólogos e antropólogos, com pesquisas específicas sobre consumo cultural e mídia, um objeto, sem dúvida, forte e decisivo enquanto promotor de consensos políticos no período ditatorial latino-americano. Néstor Garcia Canclíni, Jesús Martín-Barbero e Beatriz Sarlo marcam o período inicial com estudos quase emergenciais para a formulação de novas políticas culturais, socialmente mais justas, num panorama de incipiente exercício democrático.

No Brasil, curiosamente, esses estudos não vão se dirigir inicialmente para a mídia, ainda que a importância da mídia brasileira, especialmente a televisiva, naquele momento fosse nevrálgica para a condução de nosso debate social. Talvez por influência norte-americana, tornam-se mais visíveis na área de literatura, em campos emergentes de trabalho como a literatura oral e de cordel, a literatura africana e a literatura feita por mulheres.[3] Não deve ser por acaso que todas essas tendências apresentam um forte traço comum: são aquelas que, até muito pouco tempo, foram identificadas como áreas marginais cujos produtos foram tradicionalmente definidos como gêneros "menores" e cuja "qualidade" era, até então, sistematicamente posta em questão pela crítica literária. Nesse quadro, os estudos sobre a mulher ganharam a dianteira como comprova o crescimento geométrico do GT Mulher e Literatura da Anpoll (Associação nacional de pós-graduação e pesquisa em Letras e Linguística), criado em 1985.

Do ponto de vista teórico, não me parece de todo imprudente afirmar também que os estudos culturais entre nós são acionados, neste momento, para flexibilizar os estudos literários de viés formalista e estruturalista predominantes na universidade sob pressão da época da ditadura.

Viagem concluída, vou examinar dois enfoques teóricos nos quais procuro justificar a importância do recorrer à História, ou interpelá-la, para formulações conceituais dos chamados Estudos Culturais.

O primeiro exemplo que vou comentar é a estratégia de formulação conceitual de Fredric Jameson, o grande guru e divulgador entre nós da tendência de estudos culturais na área literária. Jameson é um dos poucos intelectuais assumidamente pós-modernos com explícita identificação marxista. Seu livro de estreia, *O inconsciente político*, de 1981, é praticamente todo dedicado ao mapeamento crítico das grades teóricas e conceituais disponíveis, em sua maioria, pertencentes às então superprestigiadas correntes pós-estruturalistas e desconstrucionistas. Nesse trabalho, Jameson, já de início, assume um compromisso radical com a história, segundo ele, a grande e verdadeira herança marxista para o teórico contemporâneo. É um livro fascinante, no qual o autor procura, da primeira à última página, situar-se política e teoricamente no quadro da oferta abundante de opções daquele momento como o estruturalismo, pós-estruturalismo, desconstrução, psicanálise, feminismo, marxismo, novo historicismo e outros. Para tanto, Jameson lança mão de um recurso poderoso: o exercício contínuo de historicizar todo e qualquer gesto interpretativo. Nesse caso, sua noção de historicização não remete apenas ao estudo da natureza das estruturas "objetivas" de um determinado texto literário, no modelo da historiografia tradicional. O que vai interessar Jameson aqui é a análise dos códigos interpretativos por meio dos quais lemos o texto literário. Seu interesse é, portanto, menos o texto do que a própria dinâmica do ato da interpretação deste texto. É o que Jameson define como "metacomentário". Ou seja, uma forma de leitura que consiste em reinscrever um determinado texto num código interpretativo específico, revelando como diferentes tendências teóricas constroem seus objetos. Assim, ele nos oferece a reavaliação histórica e dialética de métodos e teorias que poderiam ser vistas como "conflitantes". No plano do "metacomentário", diferentes correntes de pensamento circulam com liberdade e suas dissensões transformam-se num inesperado movimento dialético do todo, que é a História. A partir desse movimento crítico, nenhuma interpretação pode, portanto, ser desqualificada por si mesma. Diz Jameson: "A interpretação não é um ato isolado, mas ocorre no interior de um campo intelectual no qual diversas opções interpretativas entram em conflito de maneira explícita ou implícita."[4] A grande vantagem dessa manobra é que ela coloca, num plano "mais alto", a discussão do caráter dito a-histórico e apolítico de certos modelos teóricos que recuperam sua inteligibilidade ao serem reintegrados na História social da cultura de uma determinada época.

Com os mesmos pressupostos, Jameson enfrenta os pós--estruturalistas – anti-hegelianos por excelência – e o acirrado debate sobre conceitos polêmicos como o "sujeito descentrado" ou os "fluxos esquizofrênicos". Igualmente historicizados, conceitos desse tipo deixam de ser compreendidos como conceitos apocalípticos ou apolíticos e ganham, em perspectiva histórica, a possibilidade de serem compreendidos como "pressentimentos reificados de um novo e utópico sujeito coletivo". Essa mesma forma de trabalhar com a teoria é aplicada na análise do romance *Lord Jim*. Jameson literalmente reconstrói esse texto como um "fato histórico". Eu diria mesmo que *O inconsciente político* como um todo é, antes de mais nada, uma narrativa sobre a historiografia. E diria mais: diria que o compromisso com a História é o grande responsável pela formação de um aporte teórico consistente para os estudos culturais e mesmo a maior contribuição que estes estudos nos oferecem.

O segundo exemplo a discutir é diferente. Da mesma forma que os estudos culturais, as teorias feministas vêm promovendo uma discussão bastante produtiva com a historiografia literária.

Fazendo uma breve digressão para situar o trabalho propriamente historiográfico que vem sendo empreendido pelas mulheres, dois aspectos me parecem extremamente interessantes: primeiro, sua grande produtividade no que diz respeito ao resgate daquilo que foi perdido – ou "silenciado" – da cultura realizada por mulheres, revelando nomes, tendências e até mesmo novos objetos de investigação. Segundo, a evidência de que o resultado mais geral desse impulso revelou-se de certa forma insatisfatório. Os objetos recuperados, na maior parte das vezes, não "cabiam" nas lacunas da história oficial tal como esta foi e vem sendo desenhada. O insucesso – na realidade, um sucesso – evidenciou como a história literária não provê as categorias pelas quais as ações das mulheres possam ser satisfatoriamente descritas. Mostrou também a necessidade inadiável de um trabalho mais profundo de questionamento das bases epistemológicas e dos pressupostos dessa historiografia, seus pontos de partida, métodos, categorias e periodizações.

Foi nesse sentido que escolhi, para comentar, algumas interpelações feministas aos pressupostos historiográficos, um texto ao mesmo tempo iluminado e engraçadíssimo de Ria Lemaire, chamado "Repensando a história literária".[5]

Nesse texto, Ria levanta de início duas questões de fundo: o mito da falsa objetividade do historiador e o mito da linearidade da história da cultura ocidental. O primeiro não traz grande novidade, mas sempre vale a pena voltar a ele.

O mito da objetividade científica do historiador hoje já não funciona bem e os historiadores são consensuais sobre o fato de que a própria definição de fato histórico é falaciosa e de que os fatos históricos são, apenas, acontecimentos aos quais o historiador decide atribuir valor histórico. O historiador, portanto, é visto como parte ativa da forma como a história é concebida e a historiografia passou a ser considerada uma atividade complexa que depende totalmente das faculdades interpretativas do historiador. É por aí que as teorias feministas têm examinado o viés masculino das narrativas históricas.

Sobre o mito da linearidade da história literária, o trabalho de Ria desenvolve uma hipótese atraente: a da existência de uma profunda sintonia entre a história literária e os discursos da genealogia nas sociedades patriarcais. Segundo Ria, ambas tratam de forma idêntica a lógica da sucessão cronológica, não importa se está se referindo a heróis guerreiros ou a escritores brilhantes. Nos dois casos, pode ser observado um discurso fundado no traçado da linhagem – real ou hipotética – de uma origem até o presente. Esse presente passa então a ser visto "naturalmente" como um momento recortado do quadro de uma tradição ancestral. Nos dois casos, suas genealogias são apresentadas como uma unidade, uma tradição ininterrupta em que os que não se enquadram (por sexo, raça, ideias ou nacionalidade) são excluídos como marginais. Essa sucessão é definida em termos patrilineares, baseada na propriedade privada, na qual os filhos são os legítimos herdeiros de um patrimônio político ou cultural.

O que está em jogo aqui é a permanência de uma das formas mais eficientes de reprodução de uma negação básica do impacto das estruturas sociais na tradição literária.

Ria prossegue, observando, com humor, a importância e a ênfase atribuídas à linhagem literária enquanto sintoma de uma das principais obsessões masculinas nas sociedades patriarcais: sua eterna insegurança acerca da paternidade biológica, que seria compensada na genealogia pela descrição da linhagem em termos patrilineares, e na história literária pela super-ênfase na paternidade cultural, na autoria, e na importância, para a crítica, do controle do texto a fim de prevenir uma possível proliferação de sentidos e herdeiros ilegítimos. Talvez caiba aqui um breve lembrete sobre o fato de que, mesmo na literatura modernista, não foi concedido às mulheres o direito de estabelecer uma linhagem. A única exceção talvez seja Clarice Lispector, única escritora com alguma descendência. Cecília Meireles dá uma linhagem defeituosa, e Rachel de Queiroz, por sua vez, é considerada um patriarca de saias e, assim mesmo, sem descendência.

Essa percepção dos riscos em se assumir a inflexão genealógica na historiografia literária já havia sido apontada por Antonio Candido. No seu ensaio "Estrutura literária e função histórica", Candido discute como e por que o romantismo brasileiro –"estabelecendo troncos a que se puderam filiar e, com isso, parecer herdeiros de uma tradição respeitável" – elegeu, "numa tendência típica de nossa civilização, a tendência genealógica" (sic), o *Caramuru* de Frei José de Santa Rita Durão como o predecessor por excelência da literatura nacional. Candido se detém ainda no esforço nobiliárquico – linhagístico – dos intelectuais brasileiros em definir uma aristocracia local (com direito a heroísmos, títulos de nobreza e limpeza de estirpe), o que levaria à existência de uma pseudo-história, e, por consequência, de uma tradição e de uma dignidade simulada através dos tempos.

Voltando à contribuição de Ria, ela ainda aponta que uma das alternativas mais interessantes que nos oferece hoje a historiografia feminista é a análise de uma perspectiva claramente escriptocêntrica nos processos de construção da historiografia literária, ou seja, a permanência de um conceito monolítico de escritura e principalmente o uso desse conceito nas discussões da área. O que traz seguramente sérias consequências no sentido da "eliminação" da produção das literaturas populares, étnicas e das mulheres.

Ria coloca então em pauta a necessidade de uma nova história literária baseada no desenvolvimento da tecnologia da escrita e, consequentemente, o exame inadiável das relações entre oralidade e escrita. Ria sugere, nesse sentido, a construção de uma nova história da literatura pensada como uma transição lenta e progressiva da oralidade para as formas primitivas da escrita, para a escrita impressa e, finalmente, para os meios de massa, dentro de um quadro teórico que discuta as formas e funções dessas tecnologias em diferentes momentos históricos e suas relações com as tradições orais.

O que o feminismo propõe, portanto, não é simplesmente a reconstrução das tradições femininas escondidas ou eliminadas, mas sobretudo a construção de uma história literária enquanto produto de vários sistemas sociais e culturais, marcados pela dinâmica das relações de gênero. Essa sugestão vai ao encontro à posição de Bakhtin, insistentemente retomadas em estudos como *Os gêneros do discurso*. Nesses trabalhos pode-se perceber uma crítica frontal à historiografia literária tradicional por se ater à luta entre escolas e tendências literárias, para ele, fenômenos periféricos e historicamente insignificantes, em lugar de entender a história literária como a história mais profunda e mais radical da trajetória dos gêneros discursivos.

Bakhtin entende a noção de gênero não em seu sentido meramente formal, mas como um campo de percepção valorizado, como uma forma de representar o mundo, ou mesmo como uma forma de pensar. Ou seja, um tipo específico de atividade criativa que traduz um sentido particular de experiência. Desta forma, torna-se claro – como mostrou também Ria Lemaire – que diferentes experiências sociais requerem diferentes gêneros discursivos ou literários, assim como novos gêneros de discurso refletem mudanças na vida social. Nessa perspectiva, é golpeada qualquer atribuição de valor ou qualidade ("maior/menor"), e os gêneros, que ele define mais sofisticadamente como "contatos genéricos" – ou seja, a pluralidade de contatos discursivos transmitidos através dos autores –, passam a ser examinados como veículos de historicidade.

Mas como é a própria História que nos põe em movimento contínuo, vou terminar essas observações sobre o namoro e as rusgas entre os estudos culturais e a historiografia literária com uma inquietação que, nesse momento, não me parece ser muito fora de propósito.

Focando apenas na trajetória dos estudos culturais – e, nesse caso, mais especificamente na matriz norte-americana –, tornou-se evidente que a grande utopia pós-moderna, o multiculturalismo, objeto preferencial dos estudos culturais, entrou numa séria crise diante da lógica selvagem dos processos de globalização e da violência e intolerância dos enfrentamentos étnico-culturais desses últimos tempos, cuja metáfora maior é o 11 de Setembro. Para a interpretação eficaz da complexidade desse novo horizonte político-cultural regido por fluxos de alta mobilidade e pouca transparência geopolítica, novos modelos teóricos passam a ser artigos de primeira necessidade. E nesse novíssimo quadro para os críticos de cultura, talvez a noção de tempo comece a perder terreno para a noção de espaço. Um quadro no qual, como prognosticou Stuart Hall, *"identity"* torne-se *"identification"*, e *"roots"* tornem-se *"routes"*. Um quadro que, salvo engano, começa a sugerir a formação de um triângulo amoroso apimentado cujos protagonistas provavelmente serão os Estudos Culturais, a História e a Geografia.

NOTAS

1 "Response to a Question from Novy Mir Editorial Staff" in *Speech Genres & Other Late Essays*, Caryl Emerson e Michael Holquist (orgs.) , Austin: University of Texas Press, 1987.

2 Edward Said, *The world, the Text and the Critic*, Cambridge: Harvard University Press, 1983.

3 Esses dados constam do documento de avaliação da área, realizado por Nádia Gotlib e publicado pelo cnpq em 1990.

4 Fredric Jameson, *O inconsciente político: a narrativa como ato socialmente simbólico*, São Paulo: Ática, 1992.

5 As noções aqui discutidas tomaram por base os trabalhos de Jetty Schaap, "Introdução", e Ria Lemaire, "Rethinking Literary History", ambos em *Historiography of Women's Cultural Traditions*, Holland/usa: Foris Publications, 1987.

A LITERATURA
DA ERA DIGITAL

Texto originalmente apresentado como palestra
no Sesc São Paulo, em 2017.

DIGITAL

Estamos vivendo na cultura e na literatura um momento bastante especial. No quadro complexo da globalização e dos fluxos de informação e da economia, a produção cultural também evidencia um diferencial nada desprezível. Como sugere Jeremy Rifkin, a cultura da globalização pode ser talvez melhor definida como um novo capitalismo cultural no qual a ponta da economia transfere-se para os grandes aglomerados da informação e da comunicação. Em seu livro, *A era do acesso*, Rifkin discute essa virada do capitalismo e sinaliza novos comportamentos culturais e comportamentais em curso. O autor aponta para uma tendência, já visível a olho nu, que é o novo quadro econômico no qual os mercados começam a ceder lugar aos *networks*, o valor da propriedade ao valor do poder de acesso. A troca da propriedade entre compradores e vendedores – eixo da economia industrial – agora se transforma em várias maneiras de licenciamento, aluguel, taxa de admissão, subscrição, ou associação (*membership*). Ou seja, a permissão de acesso por tempo limitado entre provedores e clientes operando num sistema de rede.

O capital intelectual, por outro lado, se torna o grande investimento e a força motriz do momento. Conceitos, ideias e imagens – e não bens materiais – são os itens de valor na nova economia. O capital intelectual, imaginação e criatividade não são bens de troca, apenas podem ser arrendados ou licenciados por tempo limitado.

Assistimos ainda à transformação do capitalismo industrial para o capitalismo cultural. Os antigos gigantes da era industrial, no modelo General Motors, cedem lugar para os gigantes do capitalismo cultural – Disney, Sony, Microsoft, Time Warner. A experiência cultural torna-se um valor de mercado. Os economistas chamam a isso de economia da "experiência", um mundo no qual cada vida pessoal torna-se um mercado comercial.

É nesse sentido que também uma nova área do direito começa a se formar em torno da demanda A2K (*access to knowledge*), ou o direito ao acesso à informação e ao conhecimento, uma demanda emergente que exige a formalização e a implementação de novas políticas públicas de democratização do saber e da produção e do consumo culturais.

Resumidamente, esse é o panorama no qual a criação e a difusão cultura digital, incluindo aqui a nova literatura em base digital, ganha relevância.

Passo então a sugerir alguns tópicos de importância para o estudo dos novos fenômenos culturais que emergem a partir das novas tecnologias, do desenvolvimento e da ampliação do universo descentralizado da internet. Apoio-me basicamente em dois teóricos em seus blogs e publicações virtuais: Lev Manovich, criador do software *Cultural Studies*, e Henry Jenkis, o estudioso do fenômeno da convergência,[1] o grande patamar da criação e divulgação da cultura digital hoje.

A revolução digital, tal como a experimentamos hoje, surge basicamente nos anos 1980 e 1990 do século passado. É nessa época que se define a grande mudança, no campo cultural, dos meios de produção, guarda, distribuição e remuneração nas artes, inclusive na chamada "arte de elite".

No campo material, a noção de mídia e de suporte, que norteou a criação artística da modernidade, valorizava o desenvolvimento das artes dentro da noção de especificidade e do desenvolvimento de suas próprias linguagens cinematográficas, fotográficas, literárias, artísticas, teatrais etc.

Hoje, diferentemente, as distinções entre fotografia e pintura (facilmente observável no potencial de transformação e criação de um software como o Photoshop) e entre design e filme de animação se diluem.

Mesmo a arte tradicional e moderna foram afetadas no seu modo de reprodução e distribuição pela cultura do software, e passam a receber e absorver diferentes novas versões da peça original. Ou seja, a estrutura convencional de uma mídia ou de uma linguagem são afetadas. É o que se chama *passar por uma softwarização*, na qual a identidade de uma obra e sua mídia se quebram de forma irreversível.

No campo da lógica da distribuição, transformações também ocorrem. A diferença entre distribuição massiva e a distribuição em pequena escala perde sua eficácia enquanto definição de diferencial. O mesmo site pode ser acessado por uma ou por milhões de pessoas.

Outra mudança de base para se ter em mente é que a *cultura do software* muda definitivamente a ênfase da obra e de sua autoria, marcas da cultura moderna, para o usuário que hoje interage, cria, participa e, muitas vezes, se define mesmo como coautor de uma obra.

Estou me referindo com frequência ao que tem sido chamado de *cultura do software*, em função da sua forte presença em todas as nossas atividades, como as atividades bancárias, sinalização de tráfego, emissão de TV, projeção de cinema, publicação de livros, jornais, enfim, o software cobrindo o nosso dia a dia, ainda que não nos demos conta disso.

O curioso é que, apesar de sua onipresença, ele é experimentado de forma quase imperceptível para seus usuários indiretos. Esses não se colocam a possibilidade de escolha e avaliação dos dispositivos que regem suas vidas. O software é ainda visto e sentido como uma "caixa preta", como uma imposição que é aceita de forma passiva e inevitável, sem nos darmos conta de que eles estão definindo uma episteme radicalmente nova, e, principalmente, que estão permeando todas as camadas da vida contemporânea.

Software Cultural Studies

Foi nesse sentido, para desfazer a noção corrente do software como uma "caixa preta", que Lev Manovich dedicou-se ao estudo do sentido e do propósito culturais, criando uma nova área de conhecimento, o *Software Cultural Studies*.

Estamos, desde o final do século xx, na nova sociedade do software e na cultura do software, o que gera a necessidade de novas metodologias para o estudo da cultura. Produzir um pensamento teórico que discuta como o software está configurando a cultura e como está sedo configurado por ela. Não se trata aqui do estudo do código. Trata-se do estudo da dinâmica de sua performance, que define o alcance da interatividade promovida pelo criador para as ações do receptor (usuário).

Foi com essa preocupação que Manovich colocou, ao definir seu novo campo de pesquisa, uma pergunta importante: quais foram as motivações dos criadores dos softwares culturais? A partir da análise dos trabalhos do informático estadunidense Alan Kay e outros pioneiros, Manovich encontra uma primeira resposta. As primeiras criações de softwares culturais procuravam descobrir novas propriedades de representação para as mídias. São chamadas de metamídias, e seu traço diferencial era a possibilidade de serem expansivas. Os seus usuários poderiam aumentá-las e aprimorá-las de forma criativa e pessoal. Primeira observação: a ênfase migra do criador para o usuário que se torna um potencial criador. Segunda observação: as mídias e linguagens artísticas, nesse ambiente, têm como principal efeito a tendência a uma *convergência*.

Essa tendência de convergência já se anunciava há bastante tempo. É só nos lembrarmos do prestígio cultural das obras multimídias da modernidade. Justapondo uma mídia à outra, já havíamos aumentado o impacto de uma exposição ou criação. Entretanto, não falamos hoje de multimídias. As novas possibilidades abertas pelos softwares culturais e seu DNA aberto à experimentação produzem fatalmente a fusão ou o remix de mídias, criando uma "nova espécie de mídia". Era essa a proposta inicial de Alan Kay que, já nos anos 1970, experimentava o conceito de metamídia ao trabalhar com seu grupo na Xerox PARK as primeiras interfaces gráficas (Word, file system, drawing, music editing, small talk). Dizia Kay: "Quero transformar o computador numa mídia pessoal dinâmica, que possa ser usada para aprender, descobrir, criar." Kay pensava o computador como uma metamídia: um guarda-chuva, uma plataforma para todas as mídias expressivas para as artes. Que poderiam ser desenvolvidas, ampliadas, agregadas, fundidas em novas mídias híbridas e linguagens expandidas em outras linguagens, estilos, suportes. Dizia ele: "Quero imitar o papel, mas criar um 'papel mágico' que possa ser modificado, ter suas fontes aumentadas, manipuladas, recortar e colar, que possa conectar partes diferentes dos arquivos, criar hiperlinks, impulsionar colaborativismos."

Para Jenkis, outro importante teórico das mídias digitais, a convergência não é apenas um processo tecnológico que une múltiplas funções dentro dos mesmos aparelhos, mas representa uma transformação cultural, na medida em que os consumidores são incentivados a participar (e não apenas interagir), procurando novas informações, fazendo conexões e produzindo conteúdo.

Já nos anos 2000, início do novo milênio, novos paradigmas emergem, e esses não mais dizem respeito aos novos softwares ou ferramentas. Emergem da incrível multiplicação de pessoas que passam a usar a web como uma nova plataforma de circulação da informação. Surgem então os softwares sociais (ou mídias sociais) e a web 2.0. Cria-se, assim, uma nova ecologia da mídia.

Esta revolução se deu em 2005 com a popularização do blog, do reblog, e de plataformas como YouTube, Flickr, Facebook, Google Docs etc.

Trata-se do início da era do conteúdo gerado pelo usuário.

Na área literária, o debate chega caloroso. Falsas questões como o pânico sobre o fim do livro impresso e o declínio da literatura de qualidade sombreiam alguns fenômenos importantes do momento.

O fato da expansão inédita do uso da palavra e da leitura neste momento é incontestável. Nunca se leu e escreveu tanto quanto na era da web. As práticas literárias – sejam elas a própria literatura tal como é conhecida tradicionalmente, até os blogs literários ou comunidades do Orkut em torno de autores ou questões de escrita, a criação compartilhada e mesmo a simples postagem de textos que geram comentários e interesse na rede – comprovam a hipótese de Umberto Eco que afirmou categórico no simpósio O Futuro do Livro, no final dos anos 1990: "Se o século XX ficou conhecido como a civilização da imagem, o século XXI será, sem dúvida, a civilização da palavra."

Seguindo as expectativas dos primeiros criadores de softwares culturais, como o mencionado Alan Kay, a palavra hoje parece saltar da página impressa de leitura linear e se expande literatura dramatizada, visual, sonora, HQS, poesia rimada, blogs, mininarrativas em suportes móveis, podcasts, videocasts e poesia funcional.

Os blogs, que surgem em 1993 com o histórico Forest Protection Blog, criado para uma campanha de educação ambiental, rapidamente se consolidam e definem caminhos para as novas práticas literárias na web. O blog torna-se rapidamente um canal importante de criação e de divulgação intensiva do trabalho com a palavra e é fator decisivo para a criação de um novo público para as práticas literárias. É ainda em função do poder de rede dos blogs que volta à cena uma atividade e modelo de expressão, que começou a rarear na segunda metade do século xx em diante, chamada vida literária, dinâmica que ressurge e aumenta em proporção geométrica no universo www.

É ainda o blog que cria uma nova velocidade de percepção facilmente identificável na literatura da novíssima geração. Não é difícil perceber nos novos textos e poemas a presença de múltiplos *inputs* simultâneos que regem a nova lógica dos textos mais jovens. Outro ponto que salta aos olhos é a presença virtual do leitor na construção subjetiva dos novos narradores. Como na atuação virtual, a norma para o autor ou narrador das camadas mais jovens – cuja experiência com a internet é marcante – é a de uma encenação capaz de ficcionalizar sua *persona* a partir de encenação de identidades, de gêneros e do próprio universo cultural do sujeito que escreve, o novo narrador, mesmo na literatura impressa, não parte mais da credibilidade de um narrador onisciente e constrói-se frequentemente a partir de uma forte dicção autoirônica.

É importante observar, sobretudo, que um software, como no caso dos blogs, nunca se reduz a ser apenas uma mídia. Ele interfere diretamente na produção cultural e define dicções, formatos e comportamentos de escrita e de leitura. Nesse sentido, é importante investir no seu estudo como linguagem ou como "mensagem", e resistir à tentação de sucumbir ao antigo e confortável paradigma da literatura na era da imprensa num momento em que estão sendo forjadas novas linguagens literárias e novos leitores que muito pouco respondem a esse paradigma. Todo cuidado é pouco.

SUGESTÃO COMPLEMENTAR

A título de incentivo a uma pesquisa das formas narrativas atualmente sendo desenvolvidas em sites e experimentações literárias nesse novo ambiente, enumero abaixo algumas pistas de novos formatos que estão sendo desenvolvidos atualmente:

Crowdsourcing: sistema online de colaboração em massa, onde é possível criar conteúdos, resolver problemas e até mesmo desenvolver pesquisas.
Exemplos: Wikipedia, Wikiliteratura, Yahoo!, Twitter.

Games narrativos: games que possibilitam que o rumo da história mude de acordo com as escolhas do jogador. Diferente dos games comuns, que têm um único final e objetivo, neste, o jogador decide o rumo que aquela história irá tomar.

Ficção interativa: software que simula um ambiente virtual de obras de ficção, no qual leitores interagem através de comandos controlando os personagens ou escolhendo entre certas opções dadas pelo autor, indo assim para uma página ou parágrafo específico e alterando o rumo da história.
Exemplos: livro-jogo, RPG.

Narrativa hipertextual: narrativa não linear que usa os recursos de hiperlinks. Transforma radicalmente a experiência de leitura.

Romance hipermídia: romance que possui uma arquitetura aberta, apresentando também animações e sons.

Romances e-pistolares: romances que têm seus capítulos distribuídos através de e-mails e SMS.

Chatbots: espaços da rede onde leitores podem interagir com personagens literários através de chatrooms.

Blognovela: blogs que contam histórias desenvolvidas a cada atualização. São os folhetins do século XXI.

Webnovelas: se assemelham muito com as *fan fictions*, porém, frequentemente, fazem uso de outros recursos, como vídeos e sons.

HQs e fotonovelas: as histórias em quadrinhos e fotonovelas ganham novas tecnologias de som e imagem, se tornando digitais e animadas por Flash.

Poesia cinética: gênero poético em que são criadas animações em poemas, utilizando ferramentas e recursos que possibilitam que uma poesia forme imagens cinéticas, mova-se compondo um desenho, ou altere sua forma de acordo com um ritmo.

NOTA

1 Ver Henry Jenkins, *Cultura da convergência*, São Paulo: Aleph, 2009.

O SÉCULO DA PALAVRA

Texto escrito no âmbito da pesquisa
acadêmica, em 2013.

É consenso que o século XX foi o século da imagem. Hoje, entretanto, as práticas literárias começam a se expandir de tal forma nos circuitos das expressões urbanas e cotidianas, que Umberto Eco denominou o século XXI como o século da palavra. Assistimos hoje a uma invasão explosiva da palavra, em todas as suas formas e ritos. A palavra hoje salta da página, avança com desenvoltura no ambiente www e ganha o espaço público com força e ressonância. Para quem ainda tinha algum receio de um possível desprestígio da literatura em função da importância central dos fluxos de informação e da disseminação dos novos usos das tecnologias digitais, a resposta é a atual força das novas práticas literárias, e sua disseminação geopolítica especialmente entre as camadas jovens. O fato é que nunca se escreveu tanto quanto hoje.

E mais: foi, surpreendentemente, através do novo encanto e da conquista da palavra, da abertura de um inesperado horizonte experimental oferecido pelo potencial de convergência das mídias digitais para as práticas literárias, que a literatura *stricto sensu* também volta à cena cultural com renovado poder.

Diante do assédio dos fluxos de informação e da popularização das tecnologias digitais, a resposta é a atual desenvoltura da palavra, que avança segura nesse novo espaço público. Ela vem discreta como a mídia primeira dos blogs – pessoais e literários –, e logo se expande, sem aviso prévio, por práticas literárias que inovam remixando linguagens, gêneros e suportes.

Hoje temos em pauta uma angústia antiga: aquela que questiona se, com o surgimento das novas tecnologias digitais e do universo www, a literatura e o livro estão com seus dias contados. O livro se tornaria um suporte obsoleto, perdendo seu efeito mágico e quase sagrado, e a literatura, seu espaço de excelência diante de uma provável contaminação com as atuais práticas de escrita "corrompidas" e com o impacto dos efeitos danosos das mídias eletrônicas. Esse problema é muito interessante, não exatamente por sua importância crítica, mas pela clareza dos sintomas de um temor ancestral de possíveis catástrofes que possam advir da chegada de novas tecnologias. Cito novamente Umberto Eco, que, pensando numa já clássica palestra sobre o futuro do livro, observa a recorrência histórica desse temor e traça, com rigor arqueológico, sua longa e sofrida história. Escolho, a título de exemplo, apenas um desses momentos: a invenção da escrita. Lembra Eco que, diante da notícia do surgimento dessa técnica desconhecida, a discussão foi acirrada. Motivo: o uso da escrita comprometeria frontalmente a capacidade de memorizar, vital para o ser humano. A memória não treinada, tornando-se agora dependente de um recurso externo, terminaria por afetar diretamente o poder e mesmo a capacidade criativa da mente humana. Resultado não previsto: a proliferação dos livros tornou-se um estímulo poderoso para o pensamento e, consequentemente, para o desenvolvimento da memória.

O temor frente a uma possível decadência das formas literárias na internet, acompanha a mesma lógica de argumentação. Pensando nisso, proponho que chamemos de **literatura** aquela produção textual conhecida por seu padrão canônico, e de **práticas literárias** aquelas outras formas de expressão verbal ou escrita que hoje se expandem na web e fora dela com grande força e criatividade. Do ponto de vista da poesia especificamente, algumas novidades se anunciam. O próprio conceito de poesia entra em questão e, subitamente, nos vemos frente a frente com seu sentido original de *poiésis* ou *ποίησις*, tal como mencionada no *Banquete* de Platão. Já Platão conferia à poesia um território bem mais amplo do que aquele no qual a modernidade a confinou como conceito e como forma. Dizia ele: A ideia de *poiésis* (criação) é necessariamente múltipla porque toda atividade que faça passar do não ser para o ser é criação. Entretanto, só se chamarão *poiétai* (criadores) aqueles que se separaram do todo da criação e tratarem da música e do verso. Assim, a noção de poesia de Platão abarcava o atual conceito mais amplo de literatura.

Portanto, seria possível arriscar que a atual expansão da poesia por gêneros, territórios e plataformas, não é um fato novo, mas apenas um retorno ao seu sentido primal com novos recursos tecnológicos e com a forte experimentação entre os limites da autoria e da leitura.

Efetivamente, hoje, os vários formatos possíveis para o exercício da poesia aumentam em progressão geométrica.

Começo com um caso pontual, acontecido comigo quando de uma de minhas primeiras incursões nesse universo. Em 2002, criei o Portal Literal, um espaço literário online. O Portal, nesse momento, era constituído por dois eixos editoriais. Um era documental, o outro era a produção de uma revista literária em base digital chamada *Idiossincrasia*. O eixo documental hospedava acervos de cinco grandes escritores, Lygia Fagundes Telles, Ferreira Gullar, José Rubem Fonseca, Zuenir Ventura e Luiz Fernando Veríssimo. Disciplinadamente, organizei esses acervos para sua disponibilização online com o objetivo de estabelecer uma conexão direta entre esses escritores e seus leitores e/ou pesquisadores. Ao procurar "traduzir" a produção poética de Gullar ligada ao concretismo, me deparei com um primeiro obstáculo que, na hora, se apresentava como intransponível. A poesia concreta, por natureza, trabalha o espaço. A posição das letras, fonemas ou palavras na página são constituintes estruturais de sua poética. Ferreira Gullar produziu vários desses poemas, que poderiam também ser considerados poemas visuais, e alguns foram selecionados para compor sua página. Ora, a tela do monitor não tem um padrão fixo, e me vi diante de uma flutuação espacial das palavras e fonemas desses poemas que desconfigurava de forma incontrolável a intenção do poeta. O recurso que ocorreu naquele momento foi o de pedir a Gullar que recriasse seu poema espacial em novas bases cinéticas. Para minha surpresa, Gullar se empenhou de corpo e alma nessa recriação e produziu três "novos" poemas para a sua página no Portal.[1]

No caso, por exemplo, do poema "Formigueiro", o efeito de caminhos recorrentes e intermitentes das formigas foi recuperado e ofereceu ao novo leitor uma experiência poética belíssima.

Esse é apenas um exemplo de como mesmo a poesia pré-internet e pré-tecnologias digitais pode ser traduzida em novas bases sem perda de qualidade e impacto estético.

Em relação aos poemas criados hoje, os recursos disponíveis abrem um leque nada desprezível.

Augusto de Campos, um clássico da poesia concreta no Brasil, mostra como o projeto mesmo dessa vanguarda que tinha uma forte relação espacial com o desenho da página e, como diziam na época, pretendia uma poética verbivocovisual, antecipando as possibilidades das novas tecnologias digitais, fazem um uso realmente extensivo dos recursos atuais em poemas como em "Poema bomba".[2]

É interessante o caso dos concretos porque mostram com clareza que, há bem mais de cinquenta anos, a palavra poética já dava sinais de sua necessidade de expansão para além da palavra impressa. Por outro lado, uma das principais conquistas da cultura digital, a convergência de mídias e plataformas, também já estava fartamente sinalizada na latência do trabalho visual, sonoro e cinético das vanguardas experimentais da segunda metade do século XX.

Poetas como André Vallias, um dos mais importantes poetas que fazem uso das novas tecnologias, trazem para a arena literária inovações definitivas. Seu site comprova a extensão e a qualidade de seu trabalho.

Há um outro campo, também de pesquisa avançada de processos sonoros, que vem chamando atenção. É aquele que explora as teorias científicas e as práticas da poesia sonora experimental. Essas pesquisas vêm aprofundando as possibilidades do exercício da palavra com suporte em tecnologias digitais sustentáveis que capturam e ressignificam as sonoridades da voz humana e sintetizam paisagens sonoras que dialogam em tempo real com o ambiente, conectando as pessoas e seus movimentos, ruídos e reverberações.

Por outro lado, temos uma outra perspectiva do uso da internet e dos recursos digitais por parte dos jovens poetas. Se, de um lado, os poetas e os descendentes da poesia de vanguarda dos anos 1950/1960 fazem do universo digital um grande laboratório experimental, os novíssimos, ou seja, aqueles que começaram a produzir e a se expressar artisticamente já em base digital utilizam regularmente, em sua experiência social e comunicacional, blogs e as mídias sociais como Orkut, Facebook, Twitter e tantas outras.

Essa geração traz uma nova perspectiva para a poesia e demais práticas literárias. O uso que faz das novas plataformas não parece ser experimental. Não é raro encontrar, pesquisando a produção literária hospedada no YouTube, por exemplo, várias realizações poéticas que se utilizam da imagem em movimento e de sons para compor um poema, ou mesmo para divulgar seu poema originalmente criado em papel. A quantidade de podcasts e videocasts circulando na cena poética jovem é expressiva. O que mostra um uso mais, digamos, "natural" dessas novas mídias e recursos. Para essa geração, a poesia já nasce com os recursos verbivocovisuais, sonhados pelos poetas concretos. É interessante observar essas novas práticas dos jovens poetas que exploram as sonoridades e a dramaticidade inerente à poesia com uma espontaneidade e frequência surpreendentes. Atenta a isso, organizei uma antologia digital intitulada *Enter*, ou seja, um estímulo a que se pressione a tecla que nos leva à imersão num outro universo e num outro momento. Todos os participantes deste trabalho, que, seguindo, o *ethos* do momento não traz uma rígida distinção entre poesia, conto, HQ, rap, cordel ou fotonovela, nos mostram sua obra em mais de uma plataforma.

Não estou restringindo, de forma alguma, a literatura encontrada na rede como filiada ou mesmo ligada ao blog ou às redes sociais ou mesmo às práticas experimentais. A dinâmica na web é fascinante, exatamente porque consegue abrigar e potencializar um sem número de práticas literárias diversificadas, incluindo-se aí a literatura, como é tradicionalmente definida com seus critérios de valores, qualidade, permanência e fundada na legitimidade da função do autor. Essa literatura também circula livremente na rede e se beneficia, sem dúvida, de uma visibilidade e facilidade de acesso só permitida pela natureza relativamente aberta e descentralizada da web.

O potencial de atuação em rede, o grande segredo da internet, leva, no campo das letras, a novas formas de produção, consumo, troca e interlocução entre escritores ou usuários da palavra e seus leitores. Na escrita online, chamam atenção, de imediato, alguns fatores curiosos. Em primeiro lugar, os efeitos de pluridimensionalidade, resultado das formas inéditas de recepção e de atenção geradas pelos impulsos e fluxos simultâneos que caracterizam a experiência na rede. Nessa direção, percebe-se ainda outro traço nada desprezível. É o deslizar do ambiente da web para fora dela sem solução de continuidade, um fenômeno de vivência quase simultânea de ambientes distintos, que Giselle Beiguelman chama de "cibridismo".[3] Ou seja, a interpenetração de redes online e offline, que incorpora e recicla os mecanismos de escrita e leitura já instituídos.

Em segundo, a vivência da presença virtual de um leitor que influencia de forma significativa o ato criador, acompanhado da falta de limites nítidos entre o trabalho literário e a escrita pessoal. Vivência essa que pode ser facilmente percebida especialmente nos blogs (mas também nos textos em papel), denunciando um vínculo bastante específico entre a experiência orgânica e privada do autor e seu trabalho propriamente textual. Na linguagem dos estudiosos do blog, são os *escribitionists*, aqueles autores que experimentam a escrita num espaço abertamente público e tiram daí efeitos propriamente literários.

Um outro ponto crucial do novo contexto cultural é a convergência de mídias e saberes, possibilitado pelos novos softwares. Raramente, nos tempos atuais, um produto artístico trabalha em apenas um suporte ou recurso técnico. Na área da produção de conhecimento, a tendência à convergência também pode ser observada. Estamos num momento de multicapacitação que vem tomando o lugar da especialização. Portanto, pensar a cultura digital é pensar em múltiplas frentes. Como exemplo, podemos conferir os caminhos dos desenvolvimentos narrativos (dos quais a poesia *lato sensu*, como me referi acima, não deixa de lançar mão) em base digital hoje: *Crowdsourcing* (que tem como base o Twitter), *Vooks* (videobooks), *Fan fiction* (uma forma de *midrash* contemporâneo), Ficção interativa (web 2.0), E-pistolares (narrativas com base em e-mails e SMS), Blognovela (narrativas complementadas por blogs), *Computer generated literature* (a partir de softwares específicos para a construção de narrativas), game narrativos, Wikiliteratura (criação com base na tecnologia Wiki), Literatura móvel (base telefonia celular), *Chatbots* (leitores interagem com personagens literários através de chats), HQs e fotonovelas digitais e AR (textos tendo como base os softwares de Realidade Aumentada) já permitem uma visão do gigantesco campo experimental que hoje se abre para as práticas da palavra.

Portanto, as perspectivas do nosso verso hoje não podem ser pessimistas.

NOTAS

1 N.E.: O site Portal Literal ficou no ar entre 2010 e 2013.

2 Disponível em <www2.uol.com.br/augustodecampos/poemas.html.> Acesso em 4 jun 2019.

3 Giselle Beiguelman, "Admirável mundo cíbrido", in *Cultura em fluxo (novas mediações em rede)*, André Brasil et. al (orgs.), Belo Horizonte: PUC Minas, 2004, p. 264-282.

ANDRÉ BOTELHO

HELOISA BUARQUE DE HOLLANDA: PONTE E PORTA

A existência admirável que levo consagrei-a toda a procurar. Deus queira que não ache nunca... Porque seria então o descanso em vida.

Mário de Andrade, *Losango cáqui,* 1928.

Heloisa Buarque de Hollanda é a principal intelectual pública brasileira contemporânea. Chega aos oitenta anos de idade tão curiosa e inquieta com o "outro" (e, portanto, também consigo mesma) e tão empenhada teórica e praticamente em questões de reconhecimento de diferenças, especialmente de gênero e de conflito cultural, como há sessenta anos. Mas nada nessa trajetória intelectual tão rica e dinâmica se deixa domesticar inteiramente. Como sugere a epígrafe de Mário de Andrade, um dos seus autores preferidos, ela está sempre procurando.

Observei em oportunidade anterior que, quando olhamos para a trajetória e a obra dessa ensaísta e pesquisadora paulista, feita notável carioca na atuação universitária e pública, fica evidente a sua marca mais característica: uma aguda sensibilidade e mesmo certa antecipação em relação aos temas que irão ganhar o cotidiano na cultura brasileira contemporânea. Rever sua trajetória intelectual é constatar sua contribuição para a inteligibilidade do novo, para a ampliação do campo da cultura no Brasil e para o reconhecimento dos seus diferentes atores sociais. Por certo, essa contribuição está ligada às suas múltiplas atividades de professora universitária, feminista, editora de livros, curadora de exposições, autora e organizadora de numerosos livros e de antologias cult, diretora de documentários cinematográficos e televisivos, entre outras.

Muitas atividades profissionais que ganham novos sentidos quando postas em relação, e têm a universidade e as instituições culturais de relevo como uma espécie de centro de comunicação. Na trajetória intelectual de Heloisa Buarque de Hollanda passam e se entroncam mil e uma linhas que estabelecem movimentos reflexivos sobre a cultura hoje, dentro e fora da universidade, no Brasil e no exterior, em termos canônicos e rebeldes. Mas não é apenas uma diversidade temática que está em jogo. Há algo a mais nesse movimento de comunicações – sempre colocando diferenças em relação, ligando e reconfigurando ideias, margens culturais e domínios distintos do conhecimento, além de pessoas e atores sociais –, que é notável e parece de uma ordem qualitativa diferente. O que se busca nesses comentários, um esboço de retrato intelectual, é sublinhar a qualidade dessas incessantes relações.

Estudos culturais: aprendizado do outro

Heloisa Buarque de Hollanda se notabilizou academicamente como pioneira nos estudos culturais de origem anglo-saxã, com os quais dialoga de modo muito próprio. Campo de investigação de caráter interdisciplinar que explora as formas de produção de significados e sua difusão nas complexas e contraditórias sociedades contemporâneas, Heloisa acrescentou um olhar pessoal intensificando nele o estudo das manifestações artísticas e literárias cultas e populares; e também uma forma de problematização teórica que tem a ver com a experiência social brasileira.

Temas comuns da agenda dos estudos culturais, como gênero, etnicidade e movimentos sociais, especialmente os feministas e negros, ganham, em suas atividades, novos desenhos e, sobretudo, um sentido democratizante da maior relevância. Democratizante porque tem implicado, antes de tudo, na própria ampliação do campo da cultura, no reconhecimento e na autocompreensão dos atores culturais envolvidos. Impõe-se aqui um paralelo com Raymond Williams e Stuart Hall, que nunca conceberam os estudos culturais apenas como metodologia acadêmica, mas também como meios transformação social, como aprendemos com os seus projetos de educação para adultos e de cultura para todos.

Muitos exemplos poderiam ser dados para qualificar esse modo de presença de Heloisa Buarque na universidade, em especial na Universidade Federal do Rio de Janeiro, onde ingressou como docente em 1964 e atualmente é professora emérita. Um entre eles radicaliza esse movimento recorrente de busca de comunicação e irritação mútuas: a Universidade das Quebradas (que em 2019 comemora dez anos de existência). Voltada não para uma difusão da cultura acadêmica para aqueles que estão fora da universidade, mas antes para uma aproximação entre os saberes da academia e os das culturas urbanas periféricas, a Quebradas promove, em mão dupla, uma reorganização e ampliação contundente do próprio campo da cultura.

Certezas triunfalistas da ciência e absolutas da ideologia saem de cena, dando lugar ao compartilhamento de problemas e dúvidas sob pontos de vista múltiplos. Se não se trata mais de uns ensinarem e outros aprenderem, no sentido tradicional de uma difusão do conhecimento universitário, e sim de um experimento pedagógico de produção de conhecimento compartilhado, o sentimento da igualdade avança sobre o da hierarquia. A Universidade das Quebradas é, assim, um laboratório de inovação na produção de conhecimento cultural, e, sobretudo, de reconhecimentos sociais não apenas de um "outro que aprende" em relação a um "eu que ensina" (e vice-versa), mas também de um "nós" nas diferentes interações em que nos vemos cotidianamente. É justamente esse tipo de ampliação do campo da cultura e de reconhecimentos que permite também o aprendizado do descentramento das identidades. Aprendizado penoso, por certo polêmico, embora muito necessário, se quisermos reinventar modos de convivência e de conflitos mais democráticos.

Impressiona no caso de Heloisa Buarque que a própria recepção de suas ideias no campo estritamente acadêmico expresse tão claramente esse movimento de relação que estamos perseguindo. Alguns dados sobre a sua produção acadêmica – formulados por meio de metodologias informacionais pelos sociólogos Antonio Brasil Junior (UFRJ) e Lucas Correia Carvalho (UFF), para este texto – mostram a importância da ensaísta no campo acadêmico mais seleto. Entre 2002-2019 constam na Base SciELO, portal dos mais exclusivos periódicos acadêmicos, nada menos do que 234 artigos com citações de livros de sua autoria ou por ela organizados.

Na imagem, explicam Antonio Brasil e Lucas Carvalho, podemos ver uma rede de cocitação de autores que identifica a ligação entre dois documentos (artigos) citados, por meio da frequência com que ocorrem conjuntamente. Explicando melhor: dos 234 artigos na Base SciELO que citam pelo menos um trabalho autoral ou organizado por Heloisa, chega-se a um total de 183 autores(as) citados cinco vezes ou mais. Através do uso de programas de análise bibliométrica e de modelagem de rede é possível traçar relações entre estes 183 autores(as) por meio da aferição de suas co-ocorrências nos artigos. Cada vez que um autor(a) é citado em um mesmo documento ao lado de outro(a), cria-se uma ligação entre eles(as). Quando há muitas co-ocorrências entre autores(as), ou seja, muitas cocitações, o peso de suas relações aumenta e, na topografia da rede, eles(as) se aproximam.

Quando um(a) autor(a) é muito citado(a), como o caso de Heloisa, seu peso gravitacional aumenta, o que é representado

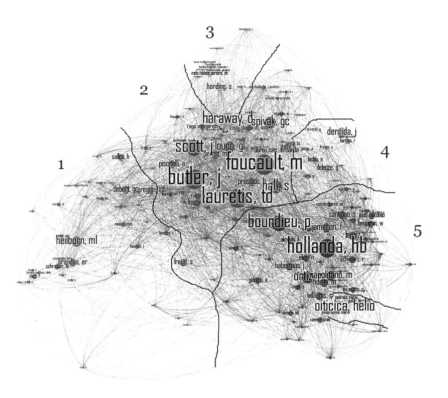

pelo tamanho de seus nós na rede. Isso permite chamar a atenção para "comunidades de referências intelectuais compartilhadas", que sinalizam, indiretamente, para diferentes campos do conhecimento acionados pela rede formada por Heloisa, especialmente estudos culturais, sociologia da cultura e feminismo. Apesar do maior volume e densidade das relações em torno dos estudos de gênero, sexualidade e feminismo, que se dividem em três grupos diferentes (segundo esquema, campos 1, 2 e 3), Heloisa está localizada em um *cluster* (4) que liga diferentes vertentes dos estudos culturais e/ou da sociologia da cultura (Walter Benjamin, Silviano Santiago, Roberto Schwarz, Raymond Williams, Marcelo Ridenti etc.), *cluster* esse que ainda abriga autores como Ferréz e João Antônio e que se conecta ainda a um outro (5) sobre artes visuais/crítica de arte. Em suma, também no universo acadêmico, Heloisa e sua produção intelectual constituem um nexo crucial de significados; são relações.

Os dados mostram ainda, em termos de referências mais gerais, a importante recepção acadêmica do trabalho de Heloisa Buarque na medida em que o conjunto de cocitações formado por esses 234 artigos desloca a centralidade de Pierre Bourdieu, ainda que ele revele uma presença considerável. Não é pouco, dado que o sociólogo francês é um dos autores mais citados em muitas áreas das ciências sociais e humanas no Brasil e também em outros contextos nacionais. No conjunto formado pela rede Heloisa no SciELO, os autores mais citados são, nesta ordem: Michel Foucault (101 citações), Judith Butler (93), Teresa de Lauretis (72), a própria Heloisa Buarque de Hollanda (69), Joan Scott (50) e, por fim, Bourdieu (48). Vale ainda registrar a importância de autores como Stuart Hall (36), Gayatri Spivak (30) e Jacques Derrida (22). Sem nos estender mais na intepretação desse gráfico de redes que nos levaria longe, é possível sustentar, ainda, como esse modo de presença relacional e reflexivo no campo acadêmico encontra sentido também no estilo de crítica cultural que Heloisa performatiza. Vejamos.

Crítica literária e o presente

Não terá sido mero acaso que a autora tenha começado sua vida acadêmica, no mestrado, estudando Mário de Andrade e a transposição de sua obra maior, *Macunaíma* (1928), para o cinema por Joaquim Pedro de Andrade. Afinal, Mário foi o primeiro intelectual brasileiro a levar a sério a necessidade de ampliação do campo da cultura nacional, problematizando as fronteiras então praticamente intransponíveis entre o erudito e o popular, numa sociedade não apenas diversa, mas tão desigual e hierárquica como a brasileira. E como um pecado original, Mário de Andrade está presente, de uma forma ou de outra, em tudo o que a autora vem fazendo desde então. A começar pelo fato de que ambos são personalidades intelectuais que se multiplicam em muitas frentes de atuação.

Vejo no programa intelectual realizado em *Macunaíma: da literatura ao cinema* (1978), e noutros livros posteriores de Heloisa Buarque, não a reposição da ideia tradicional de "influência", porque isso seria um contrassenso teórico, dada a perspectiva relacional que a anima, mas propriamente a recriação do movimento crítico de aproximação, distanciamento e confronto de linguagens diferentes. Identifico esse movimento, sobretudo, com Roland Barthes, autor que a pesquisadora leu e ensinou muito na universidade desde os anos 1960. E a quem, junto a seu amigo Silviano Santiago (autor de ensaio clássico sobre o tema, "O entre-lugar do discurso latino-americano"), dedicou exposição pioneira no Brasil, no Centro Cultural Banco do Brasil do Rio de Janeiro, em 1995. Para Barthes, como se sabe, o crítico não é o intérprete de uma verdade escondida pelo tempo num texto, ou numa imagem, mas justamente alguém que se põe em diálogo a partir do seu próprio tempo e campo com temporalidades e campos diferentes. Como formalizou em *Critique et vérité*, de 1966: "Assim, pode travar-se, no seio da obra crítica, o diálogo de duas histórias e de duas subjetividades, as do autor e as do crítico. Mas esse diálogo é egoisticamente todo desviado para o presente: a crítica não é uma 'homenagem' à verdade do passado, ou a verdade do 'outro', ela é construção da inteligência de nosso tempo."

A crítica como "construção da inteligência do nosso tempo". Não vejo melhor definição para a obra de Heloisa Buarque de Hollanda. A começar por *Impressões de viagem: cpc, vanguarda e desbunde: 1960/70* (2004), essa notável leitura da produção poética que nos é contemporânea, e que, mesmo sendo uma reflexão sobre a sua geração e sobre ela própria, ousa mostrar a grande diversidade do contexto cultural e político dos anos 1960-1970. Originalmente tese de doutoramento, *Impressões de viagem* é uma espécie de acerto de contas com seus *compagnons de route* sobre as crenças e as práticas culturais e políticas que os haviam posto em movimento e incendiado corações, mentes e mãos. Especialmente assumir naquele momento as idiossincrasias do projeto dos Centros Populares de Cultura nas quais se imbrica, na utopia de uma aproximação com o "povo", também o seu fracasso pessoal (e geracional), além de corajosa, guarda ainda um segredo fundamental sobre nossa intelectual pública maior.

É verdade que o próprio itinerário dos movimentos culturais abordados no livro é de alguma forma o itinerário intelectual próprio de Heloisa. O escrutínio das diversas linguagens e projetos estéticos e culturais dos anos 1960-1970 não se faz desacompanhado das tomadas de posição da autora. Ela deixa claro, por exemplo, seu empenho em dar visibilidade ao novo e ao marginal na cultura brasileira de então, de que a antologia *26 poetas hoje* (1976) permanece um paradigma, inclusive ao orientar os poetas no reconhecimento de seu lugar na cultura. Ou seu verdadeiro fascínio com a chamada "geração mimeógrafo" que, em tempos de armação da indústria cultural e de repressão da ditadura militar, através do gesto poético quase artesanal, procurava resistir ou reagir à crescente comercialização da cultura no país e, ao mesmo tempo, criar outras formas de comunicação, circulação e relacionamento entre obras, autores(as) e leitores(as).

Mas o aprendizado que sua crítica/autocrítica sobre a visão romântica e tutelar que a juventude do CPC (e ela própria) demonstrou em relação ao seu "outro" não a levou a uma atitude cética ou cínica diante dos compromissos dos intelectuais públicos. Esse é um de seus segredos.

Seu fracasso foi produtivo. E potente o suficiente para levá-la a questionar os pressupostos não apenas políticos, mas também teóricos e estéticos envolvidos naquela utopia de aproximação e seguir em frente buscando formas inovadoras de experimentar e aprender com a alteridade e com os conflitos entre atores sociais tão diferentes. Mudança das mais significativas em relação aos anos de juventude, talvez seja a própria redefinição política dos termos da relação de alteridade. No caso do CPC, por exemplo, o seu "outro" típico parecia levar uma existência tão distante do próprio universo social e cultural dos jovens engajados (urbanos, cosmopolitas, classe média, universitários), que as hierarquias que tentavam combater com uma das mãos acabavam recriadas pela outra.

No caso de Heloisa, sua curiosidade e sensibilidade ímpares levaram-na a prestar atenção (e a documentar, essa é uma de suas obsessões) à pluralidade de estratégias da poesia como uma espécie de território privilegiado do testemunho de uma experiência social jovem. O mais importante, porém, é que era essa uma poesia que desafiava tanto a tradição literária quanto o mercado editorial, com traços da contracultura, trabalho cooperativo e irreverência por todos os lados. Se *Impressões de viagem* e a antologia *26 poetas hoje* são verdadeiros paradigmas desse processo, também *Patrulhas ideológicas* (1980), *Poesia jovem anos 70* (1982), *Cultura e participação nos anos 60* (1982), entre outros, desdobram alguns de seus aspectos cruciais.

Em seu testemunho *Escolhas: uma autobiografia intelectual* (2009), por exemplo, Heloisa Buarque afirma: "Eu adoro poesia. Minha mídia é essa, é a poesia. Experimento a poesia de várias formas, lendo, lembrando, olhando." Esse gesto interessado, e também a aceitação de suas preferências estéticas e políticas no exercício crítico de confronto de linguagens, não parece um problema para a ensaísta, sempre atenta, sobretudo, à experimentação das linguagens artísticas e seu potencial transformador da cultura. Assim, está claro, por exemplo, que ela sempre procurou dar espaço para determinadas práticas poéticas que, em geral, fugiam ou escapavam dos meios tradicionais de produção e circulação. Como a "geração mimeógrafo" antes apontada, mas também, na mesma direção, seus estudos sobre a poesia marginal cuja tônica residia justamente numa aproximação nova entre palavra e vida poética. E, posteriormente, seu incentivo e apoio a publicação de autores e autoras da periferia, cujas propostas, mesmo distintas, são questionadoras dos lugares e dos suportes mais tradicionais da produção poética no Brasil. Vemos assim sua preocupação renovada com a poesia também enquanto forma de ação coletiva ou colaborativa que envolve agentes e modos distintos de intervenção no espaço público.

É importante perguntar um pouco mais sobre esse lugar catalisador, por assim dizer, que a poesia e a palavra assumem na trajetória intelectual e no pensamento de Heloisa Buarque de Hollanda. Uma primeira pista importante a esse respeito é dada pelo "contexto intelectual" da época, fortemente marcado pelas perspectivas macro de análise de processos sociais de longa duração, como a formação do capitalismo dependente no Brasil, e seus correspondentes culturais, como o tema da dependência cultural, de que se ocupava boa parte dos sociólogos e outros pesquisadores da cultura. Então, faz sentido considerar que a riqueza analítica da perspectiva que Heloisa vai forjando está em parte associada justamente à valorização de certos aspectos microssociológicos e da vida cotidiana até então pouco explorados mesmo na discussão sobre produção cultural. Como a própria ensaísta sugere: "Como o eixo de meu trabalho sempre foi a identificação e a análise de microtendências no horizonte cultural e intelectual, a poesia pode ter se tornado um instrumento operacional interessante para esse trabalho."

Uma segunda pista é dada pelo "contexto político" de resistência à ditadura militar em meio a qual se esboçava a rearticulação dos movimentos sociais sindicalistas e camponeses, concomitantemente ao surgimento de novas formas de organização coletiva e de demandas que enfocam novas questões, novos interesses e novas frentes de conflito social, como as ecológicas, pacifistas e feministas, que a literatura teórica se habituou a chamar de "novos movimentos sociais". São formas de ação coletiva que remetem a aspectos mais intangíveis da vida social, promovendo mudanças nas crenças, nos valores, nas normas, nos símbolos e nos padrões de vida cotidiana, como é o caso dos *beatniks, hippies* e *punks*. Seja como for, no caso brasileiro, novos e velhos movimentos sociais vão adquirindo tal importância no processo de transição democrática que chegam a consagrar a ação coletiva como principal força social de mudança da nossa era. Heloisa está entre os primeiros teóricos da cultura a valorizar empírica e teoricamente o ativismo, que já vinha surgindo em meio aos grupos de poetas e artistas, e a se perguntar, seriamente, sobre seu potencial de mudança das práticas poéticas e artísticas e também sobre seus efeitos sobre o arranjo cultural do conjunto da sociedade.

A centralidade das periferias

Novos desdobramentos não lineares na relação de Heloisa Buarque de Hollanda com seus "próximos distantes" seriam decisivos nas décadas seguintes. Limito-me a lembrar dois principais e intimamente associados: a poesia e a produção cultural de negros(as) e mulheres, e o espaço virtual então emergente da internet. Sabendo que aqueles segmentos da sociedade, historicamente, vinham tendo poucos canais de expressão disponíveis, Heloisa pergunta-se e vai pesquisar por anos *se* e *como* eles estariam investindo naquele território virtual. Ou seja, esse interesse pelo "periférico" surge justamente associado ao que o nosso tempo tem de mais "central", a cultura digital como recurso – seu periférico é sempre urbano, cosmopolita, contemporâneo. Daquela pergunta, mas não necessariamente como respostas convergentes, nascem alguns projetos de pesquisa, curadoria e livros que se tornaram também referências obrigatórias.

Ao lado de sua atividade curatorial no projeto do Portal Literal, entre outras, como a exposição *Blooks* – que, talvez, a tenham feito entrar de cabeça no universo da criação digital –, no campo da chamada literatura digital, destaca-se o seu primeiro livro virtual, *Enter* (2009). Um livro que pode ir sendo transformado pelos autores ao longo do tempo, cujo conceito e recursos tecnológicos só a mídia digital proporciona. O mais importante para nossos interesses é lembrar que, nessa experiência, a própria visão de poesia de Heloisa, já então bastante heterodoxa, se transforma mais uma vez. Surpreendendo novos traços das práticas literárias em meio digital, o que ela procura mostrar é, acima de tudo, uma expansão da palavra e de novos gêneros textuais interativos e sensoriais. Desde então, ficava claro que não seria mais possível estudar as manifestações culturais contemporâneas sem passar pelo impacto da internet e das mídias digitais. Mesmo que fosse preciso admitir que a expansão da palavra digital implicava numa espécie de dissolução da poesia, tal como sustentada até então.

Quanto à força da cultura da periferia emergente em meados dos anos 1990, Heloisa sempre assinalou que, ainda que a sua vitalidade não fosse exatamente um dado novo, sua afirmatividade o era. O hip-hop, por exemplo, traz novas interfaces para as práticas culturais como a politização da arte, a construção de um novo artista cidadão, e, sobretudo, novos entendimentos da cultura. Heloisa certamente foi, mais uma vez, uma das primeiras intelectuais a perceber aí o desenho de um novo perfil de arte e de literatura. Merece destaque, nesse sentido, a belíssima coleção *Tramas urbanas* que ela editou na sua editora Aeroplano, e que tanta visibilidade e reconhecimento trouxe para essas práticas literárias e poéticas emergentes. Mais do que isso, foi das primeiras a apontar para o fato de que novas legitimidades e visibilidades do intelectual e do artista da periferia surgiam, modificando, necessariamente, entre outras coisas e mais uma vez, o papel tradicional de "mediadores" do qual os intelectuais e acadêmicos se investiram.

Em sua autobiografia intelectual, a autora escreveu:

> O meu grande ganho com o trabalho nas periferias foi perceber a necessidade e a urgência em repensar radicalmente meu papel e minhas práticas como intelectual. Tive que fazer várias operações e tentativas em busca do meu lugar como sujeito desse trabalho. Abandonei o papel de fundo pedagógico que procurei exercer como ativista nos anos 1960 (...). Procurei examinar com cuidado as dinâmicas discursivas dos Fóruns Sociais e Culturais, a sutileza de suas lutas de poder, de seus comportamentos inclusivos e excludentes. Percebi que meu investimento, nos anos 1980, como intermediária e articuladora de saberes e demandas sociais e políticas, também estava defasado. Para meu desespero, descobri ainda várias antologias de literatura da periferia feitas na e para as comunidades de origem de seus autores. Eu havia perdido, inclusive, o poder sobre o meu mais querido instrumento de intervenção cultural, a organização de antologias.[1]

Se o gesto relacional permanente e o desafio sempre reposicionado, a cada nova diferente conjuntura, de buscar uma comunicação minimamente exitosa com o "outro" é tão importante na trajetória intelectual de Heloisa Buarque de Hollanda, mesmo ela sabendo que isso é quase sempre bastante improvável, é porque a discussão sobre o outro, obviamente, envolve sempre uma reflexão sobre a sua própria individualidade. Não quero aparar arestas e muito menos fazer toda a água de uma vida escoar com força para um único ponto convergente. Desconfio, porém, que perpassando toda sua trajetória intelectual e pensamento, tal como viemos discutindo até aqui, o enfrentamento da condição de gênero reflete de forma fundamental em suas escolhas – e, acrescento, nos condicionantes sociais mais amplos aí também envolvidos. Árduo aprendizado esse seu e das mulheres de sua geração que, premidas, mas também de alguma forma unificadas pela resistência e oposição à ditadura militar, tiveram que passar ao enfrentamento das estruturas patriarcais reprodutoras de desigualdades de gênero e sexo presentes em todos os lados da sociedade, inclusive nas esquerdas culturais que integravam. Recomendo a esse propósito a leitura de sua bela introdução ao recém-lançado *Pensamento feminista brasileiro: formação e contexto* (2019), ao qual já voltarei.

A luta feminista

Desde pelo menos *Tendências e impasses: o feminismo como crítica da cultura*, de 1994, Heloisa Buarque de Hollanda vem interpelando o pensamento feminista como uma força teórica inovadora no campo acadêmico e dotada de forte potencial crítico e político no conjunto da sociedade. É surpreendente perceber a determinação da pesquisadora e ensaísta que, desde então, vem não meramente atualizando essa perspectiva, mas confrontando-a a novos desafios políticos e paradigmas teóricos e também a tantos outros velhos preconceitos reiterados e recriados no processo social e cultural.

Explosão feminista: arte, cultura, política e universidade, publicado em 2018, provoca reconhecimento, reflexão e conflito com o feminismo que está nas ruas, na cultura, na política, em diferentes formas de expressão artística, universitária e nas redes sociais neste exato momento. Aqui, as relações entre diferenças se expandem, se intensificam. É um "feminismo da diferença", observa Aparecida Fonseca Moraes, o que o livro reconhece, ao reunir numa espécie de mosaico autoral, textos e depoimentos de pessoas que se identificam como feministas cisgênero, protestante, radical, transfeminista, lesbofeminista e que, ademais, têm condições etárias, geracionais, étnicas, raciais diferentes, além de experiências e formações distintas na política, na vida profissional ou acadêmica.

Se o gesto relacional que temos perseguido aqui, como estou argumentando, não é mesmo apenas externo no caso de Heloisa Buarque de Hollanda, mas se expressa, por dentro, numa concepção particular de crítica da cultura, é preciso reconhecer que ele atinge também as próprias formas de expressão da ensaísta. Nesse sentido, sua predileção por antologias, objeto de um delicioso capítulo de *Escolhas*, já constituía um procedimento metodológico em nada fortuito, posto que também reforça aquele caráter dialógico e reflexivo de seus textos. Mais do que isso, e vejo novamente um pouco de Barthes aqui, sua prosa crítica veio envolvendo crescentemente um recuo da autora/organizadora para as margens do texto, deixando espaço para a presença não apenas das diversas vozes autorais do livro, mas do próprio leitor na reflexão proposta.

Explosão feminista marca, porém, a radicalização desse modo de presença na narrativa e no livro muito própria de Heloisa Buarque de Hollanda. A vocação do intelectual público também se alterou com ela. Não mais vocalizar o outro, não mais dar voz ao outro. Não apenas se reconfigurar a partir, em relação e com o outro. Agora a problematização de convenções tradicionais sobre objetividade, subjetividade, lugar de fala e mesmo autoria se intensificou e se radicalizou. Com o conceito de "livro-ocupação" por ela forjado, enfrenta mais uma vez o problema da cristalização do livro como suporte de escrita e leitura, e o descompasso entre, de um lado, as possiblidades de experimentações na criação literária e intelectual e, de outro, as convenções, soluções e práticas editoriais. Atinente às novas formas de organização, protesto e ação coletivas emergentes nos últimos anos, o livro-ocupação *Explosão feminista* assume, entre outras coisas, a dissolução da voz autoral individual. Heloisa não é mais a organizadora do livro. A própria noção convencional de autoria desapareceu dando lugar a uma experiência coletiva nova, desafiadora, explosiva.

Enquanto escrevo esses comentários (em maio de 2019), já vejo nas livrarias mais dois importantes livros sobre feminismo organizados por Heloisa Buarque de Hollanda. *Pensamento feminista brasileiro: formação e contexto*, com textos de dezenove autoras brasileiras pioneiras na criação e consolidação desse campo de estudos sobre a mulher no Brasil, nem sempre conhecidas e reconhecidas como deveriam. O segundo livro, *Pensamento feminista: conceitos fundamentais*, reúne textos fundadores da teoria feminista, com algumas das mais importantes autoras internacionais, formando uma gramática teórica. Em ambos, Heloisa acaba, na verdade, revelando e compartilhando o percurso de suas próprias leituras feministas, brasileiras e estrangeiras, ao longo das últimas décadas.

São concebidos como caixas de ferramentas que ela entrega especialmente às jovens feministas que, com elas, têm a oportunidade de conhecer precursoras e processos de reconhecimento e de luta por direitos, e, ligando temporalidades distintas, ajudam a enfrentar seus desafios atuais e a tornar o presente menos opaco. Livros tão mais importantes se lembrarmos da crescente contestação da agenda da igualdade de gênero e da diversidade sexual por parte dos conservadorismos contemporâneos, que vêm mostrando grande capacidade de mobilização, dentro e fora do Brasil.

Assim, se considerarmos esses dois livros mais recentes de Heloisa Buarque de Hollanda, junto ao anterior *Explosão feminista*, podemos perceber claramente como o feminismo ganha potência renovada, uma vez que a relação entre reflexão teórica e ativismo assume um sentido propriamente reflexivo a partir deles. Num plano, o conhecimento dos repertórios feministas atuais e do passado representa um elemento de autocompreensão e aprendizado social, já que implica uma revisão abrangente de diferentes convenções de gêneros e desigualdades que vêm organizando a vida social e as subjetividades individuais. Noutro plano, e na medida em que são socialmente apropriados, os repertórios permitem calibrar as próprias práticas de contestação e confronto levando em conta as oportunidades políticas disponíveis no contexto contemporâneo. E porque a cultura é sempre reflexiva, as performances das ativistas podem levar a transformações no interior do repertório disponível ou mesmo à criação de novos repertórios feministas.

Falar em reflexividade é reconhecer, assim, que uma relação é sempre de mão dupla, como se teoria e ativismo se auto--observassem e se reorientassem continuamente a partir dessas suas auto-observações. O que coloca em xeque, mais uma vez, o próprio perfil tradicional da ideia de missão dos intelectuais, já que essa relação reflexiva se realiza a despeito de suas intenções "engajadas" ou não. É verdade que a reflexividade não garante automaticamente maior equilíbrio e simetria entre as diferentes partes da relação, e também que os seus efeitos e apropriações podem sempre ser imprevisíveis, inclusive quanto aos usos políticos.

Ponte e porta. As imagens empregadas por Georg Simmel, em texto de 1909, são bastante sugestivas para pensarmos uma trajetória intelectual tão marcada pelo empenho em construir relações entre diferenças como a de Heloisa. Ponte e porta são, acima de tudo, meios de comunicação. Ponte é o símbolo da associação, enquanto porta é o agente da dissociação. Ambos fazem parte, porém, de um mesmo movimento de ligação e separação e não se excluem. A vontade de conexão (ponte) não se dá sem uma espécie de reconfiguração dos espaços a partir de novas separações (porta), o que nos alerta para o fato de que, na vida social, estamos sempre sujeitos ao jogo de forças contrapostas.[2]

No caso de Heloisa, além de evocar a sua paixão particular pela arquitetura como modo de reconfiguração dos espaços privados (suas inúmeras casas) e públicos (na universidade), as metáforas da ponte e da porta nos ajudam também a entender sua atração pelas fronteiras e margens entre culturas e domínios distintos do conhecimento. Ela continuamente provoca as fronteiras. Cruza-as e estimula que sejam cruzadas. Experimenta com elas. A inovação que está na base das suas múltiplas atividades alimenta-se justamente das comunicações que essas transgressões ensejam, e se mantém sempre em alta tensão, com eventuais irrupções de conflitos.

Uma festa

É uma forma e tanto de festejar seus oitenta anos, convenhamos. Anfitriã imbatível e consagrada, Heloisa vem reunindo em suas últimas publicações, mais uma vez, diferentes intérpretes, atores sociais e amig@s para, juntos, repensar e reposicionar o ativismo cultural e especialmente o ativismo feminista no Brasil. São ações que expressam e, talvez, apressam mudanças na sociedade, mas também implicam, elas mesmas, em mudanças importantes naquelas e naqueles que delas participam. E esse dispositivo de reciprocidade reflexiva entre mudanças externas e internas abre-se ao futuro desafiador com inovações potentes como o livro-ocupação, por exemplo.

Impossível disciplinar uma trajetória tão rica como a de Heloisa, como advertimos logo no início. Mas não há como ignorar o papel catalisador que nela desempenham a afirmação do caráter dinâmico, aberto e contingente da cultura. E também a sua aposta na criatividade cultural e nas performances dos atores "marginais", "periféricos" e "dominados" que podem, sim, alterar os sentidos da mudança no conjunto da sociedade. Heloisa tem sabido escutar essas vozes dissonantes e cada vez mais plurais e vem contribuindo decisivamente na construção da inteligibilidade e dignidade de suas reivindicações e lutas por reconhecimento cultural. Ainda que, no limite, como identidades são sempre relações, isso a obrigue a colocar sua própria identidade de intelectual pública em questão e a se reposicionar a cada nova conquista ou fracasso (como ela mesma gosta de lembrar).

Sempre em movimento. Movida por sua inesgotável curiosidade, percepção aguda do novo, capacidade de escuta do diferente e afetividade ímpares, Heloisa Buarque de Hollanda segue ampliando e redesenhando o campo da cultura contemporânea. Volto novamente a uma de suas paixões, para encerrar esse comentário: afinal, sobre quem mais se poderia dizer, senão dela, aquilo que Mário de Andrade confessou a respeito do cumprimento de seu destino intelectual? "São procuras. Consagram e perpetuam esta inquietação gostosa de procurar."

NOTAS

1 Heloisa Buarque de Hollanda, *Escolhas: uma autobiografia intelectual*, Rio de Janeiro: Língua Geral, 2009, p. 175-176.

2 Georg Simmel, "Ponte e porta", *Revista Serrote*, nº 17, Rio de Janeiro: Instituto Moreira Salles, 2014.

CRONOLOGIA

1939

Heloisa Helena Oliveira nasce em 26 de julho, em Ribeirão Preto, São Paulo.

1943

A família se muda para o Rio de Janeiro.

1961

Graduação em Letras Clássicas, pela Pontífícia Universidade Católica do Rio de Janeiro (PUC-Rio).

Primeiro casamento, com Luiz Buarque de Hollanda.

1962-63

Trabalha como assistente de pesquisa no Instituto de Estudos da América Latina na Universidade de Harvard.

Em 1963, nasce Lula, o primeiro filho.

1964

Ingressa como professora colaboradora em Literatura Brasileira, na Universidade do Brasil (hoje Universidade Federal do Rio de Janeiro), e de Estética do Cinema na PUC-Rio.

1965

Especialização em Teoria da Literatura na Universidade Federal do Rio de Janeiro (UFRJ).

Nasce André, o segundo filho.

1966

Nasce o terceiro filho, Pedro.

1970

Inicia trabalho como professora de Comunicação e Cinema na Escola de Comunicação (ECO) da UFRJ.

1973

Se casa pela segunda vez, com João.

1974

Finaliza mestrado em Literatura Brasileira pela UFRJ, com a dissertação "Heróis de nossa gente", sobre a leitura de *Macunaíma*, de Mário de Andrade, feita pelo cinema de Joaquim Pedro de Andrade.

Realiza a cenografia do filme "Ovelha negra", de Haroldo Marinho Barbosa.

1975

Publica a antologia *26 poetas hoje*, pela editora Labor.

1976

Dirige o documentário *Raul Bopp* para a TVE.

1977

Coordena o Seminário de Documentação Literária da Faculdade de Letras, que dá início a um projeto de documentação literária e produção de memória da instituição.

Realiza a cenografia do filme *Mar de rosas*, de Ana Carolina Teixeira Soares, e dirige o documentário *Joaquim Cardozo*.

1978

Publica o livro *Macunaíma: da literatura ao cinema*, pela editora José Olympio.

Dirige o documentário *Xarabovalha!*, sobre o grupo de teatro Asdrúbal Trouxe o Trombone e a montagem da peça *Trate-me leão*.

Produz e dirige o programa *Café com letra*, na rádio MEC e Funarte.

1979

Finaliza o doutorado em Literatura Brasileira pela UFRJ, com a tese *Impressões de viagem*, uma investigação de três momentos da produção cultural brasileira entre o final da década de 1950 e o AI-5, em 1968.

Criação e coordenação do Seminário de Documentação Cultural da ECO, que dá início a um projeto de documentação cultural e produção de memória da ECO.

Publica o livro *Anos 70: literatura*, com Marcos Augusto Gonçalves e Armando Freitas Filho.

Produz e dirige o programa *Culturama*, na TVE/UFRJ.

1980

Publica os livros *Impressões de viagem: CPC, vanguarda e desbunde (1960/70)*, e *Patrulhas ideológicas*, ambos pela editora Brasiliense.

Realiza a cenografia do filme *Das tripas coração*, de Ana Carolina Teixeira Soares.

Colabora com o caderno Ideias do *Jornal do Brasil*.

1981

Dirige o documentário *Dr. Alceu*, sobre Alceu Amoroso Lima.

1982

Publica os livros *Cultura e participação nos anos 60*, pela editora Brasiliense, e *Poesia jovem: anos 70*, pela editora Abril.

1983

Assume a direção do Museu da Imagem e do Som do Rio de Janeiro (MIS-RJ).

Exposição *A construção de Brasília, memória, produção cultural, participação*, no Memorial JK, em Brasília.

1984

Realiza pós-doutorado em Sociologia da Cultura na Universidade de Columbia, Estados Unidos.

1985-86

Trabalha como professora visitante de Cultura Brasileira na Stanford University, Estados Unidos.

1986

Criação e coordenação do Centro Interdisciplinar de Estudos Culturais (Ciec) da UFRJ.

1987

Instalação multimídia *Talking terrorism*, no Cubberley Lobby da Stanford University.

1988

Atua como professora visitante de Cultura Brasileira na Berkley University, Estados Unidos.

1990

Assume a direção da Editora UFRJ.

Publicação da série Quase Catálogo: *Realizadoras de cinema no Brasil 1930-89, Artistas plásticas no Rio de Janeiro 1975-85, Estrelas do cinema mudo no Brasil 1908-30* e *A telenovela no Rio de Janeiro 1950-63.*

1991
Professora visitante de Literatura Brasileira na Brown University.

1992
Publica os livros *Pós-modernismo e política,* pela editora Rocco, e *Y nosotras latino americanas? Estudos sobre raça e gênero,* pela editora Fundação Memorial da América Latina.

1993
Publica o livro *Ensaístas brasileiras: mulheres que escreveram sobre literatura e artes de 1860 a 1991,* pela editora Rocco.

1994
Criação da coordenação do Programa Avançado de Cultura Contemporânea (PACC) da UFRJ.

Publica o livro *Tendências e impasses: o feminismo como crítica da cultura,* pela editora Rocco.

Nasce Vitor, o neto mais velho.

1997
Trabalha como professora visitante de Estudos de Gênero no Brasil na New York University (NYU).

1998
Criação e direção da Aeroplano Editora e Consultoria, com Lucia Lambert, Lula Buarque e Rui Campos.

Publica o livro *Esses poetas: uma antologia dos anos 90*, pela editora Aeroplano, e *Horizontes plurais: novos estudos de gênero no Brasil*, pela Fundação Carlos Chagas/Editora 34.

Realiza a exposição *Dez anos sem Chico Mendes*, no Sesc Flamengo, no Rio de Janeiro.

Nasce a neta Dora.

1999
Publica o livro *Ana Cristina Cesar: correspondência incompleta*, pela editora Aeroplano.

2000
Organiza o livro *Seduzidos pela memória: arquitetura, monumentos, mídia*, de Andreas Huyssen, pelas UCM, Aeroplano e MAM.

Publicação dos livros *Cultura em trânsito: da depressão à abertura*, com Elio Gaspari e Zuenir Ventura, pela editora Aeroplano; *Artelatina: cultura, globalização e identidades cosmopolitas*, com Beatriz Resende, pela editora Aeroplano/CCBB.

2001
Publica o livro *Guia poético do Rio de Janeiro: o olhar modernista*, editora Aeroplano/Paço Imperial.

2002
Criação e coordenação do site de literatura Portal literal, projeto em parceria com a Conspiração Filmes.

2003
Publica o livro *Puentes/Pontes: poesia argentina e brasileira contemporânea*, pela editora Fondo de Cultura Económica de Argentina.

2004

Organiza o livro *Rachel de Queiroz: as melhores crônicas*, pela editora Global.

Publica *Asdrúbal trouxe o trombone: memórias de uma trupe solitária de comediantes que abalou os anos 70*, pela editora Aeroplano.

2005

Exposição *Estética da periferia*, no Centro Cultural dos Correios, Rio de Janeiro.

Nasce o neto Theo.

2006

Exposição *Manobras radicais: mulheres artistas no Brasil*, no CCBB-SP.

Nasce a neta Catarina.

2007

Pela Aeroplano, publica a coleção *Tramas urbanas*, reunindo uma série de temas e autores da periferia.

Realiza as exposições *Estética da periferia II: diálogos urgentes*, no Museu de arte Moderna Aloísio Magalhães (MAMAM) – Recife, e *Blooks: tribos e letras na rede*, no Oi Futuro, Rio de Janeiro e, em 2009, no Sesc Pinheiros, São Paulo.

2008

Exposição *Gringo Cardia de todas as tribos*, no Palácio das Artes em Belo Horizonte.

Exposição *Vento forte: 50 anos do Oficina*, sobre o Teatro Oficina, no Centro Cultural dos Correios, Rio de Janeiro.

2009

Publica os livros *Otra línea de fuego: quince poetas brasileñas ultracontempor*áneas, com Teresa Arijón, pelo serviço de publicações do Centro de Ediciones de la Diputación de Málaga (CEDMA), na Espanha; *Escolhas: uma autobiografia intelectual,* pela editora Língua Geral/Carpe Diem.

Criação da plataforma Enter – Antologia digital.

Realiza as exposições *Jardim da oposição,* na Escola de Artes Visuais do Parque Lage, Rio de Janeiro, e *H2O: futuro das águas,* no Arte Sesc, Rio de Janeiro.

Nasce o neto Antônio.

2010

Criação, com Numa Ciro, do laboratório Universidade das Quebradas, PACC-UFRJ.

Publica o livro *Melhores poemas: Armando Freitas Filho,* pela Global Editora.

2011

Exposição *periferia.com,* na Escola de Artes Visuais do Parque Lage e na Biblioteca de Manguinhos.

2012

Publica o livro *Cultura como recurso,* Secretaria de Cultura do Estado da Bahia, Fundação Pedro Calmon.

Cria, com Ecio Salles, Julio Ludemir e Luiz Eduardo Soares, o Festival Literário das Periferias – Flupp.

Nasce a neta Julia.

2013

Nasce a neta Violeta.

2015

Publica o livro *Zona Digital*, com Cristiane Costa, pela editora e-galáxia.

2016

Publica os livros *Rachel, Rachel* e *Cultura em transe: Brasil anos 60*, pela editora e-galáxia.

2017

Publica o livro-app *Os marginais: Brasil anos 70*, pela editora e-galáxia.

2018

Criação e coordenação do Fórum Mulher na UFRJ.

Publica o livro *Explosão Feminista. Arte, cultura, política e universidade*, pela editora Companhia das Letras.

2019

Publica os livros *Pensamento feminista brasileiro: formação e contexto* e *Pensamento feminista: conceitos fundamentais*, pela editora Bazar do Tempo.

Aniversário de oitenta anos.

SOBRE OS ORGANIZADORES

André Botelho é professor do Departamento de Sociologia e do Programa de Pós-graduação em Sociologia e Antropologia da Universidade Federal do Rio de Janeiro (UFRJ) e pesquisador do CNPq. Foi Visiting Fellow na Universidade Princeton. Entre suas publicações recentes estão *Cidadania, um projeto em construção, Minorias, justiça e direitos* (com Lilia Schwarcz) e *República e democracia: impasses do Brasil contemporâneo* (com Heloísa Starling). Participa da Universidade das Quebradas.

Cristiane Costa é doutora em Comunicação e Cultura e professora da Escola de Comunicação da UFRJ. Foi editora do *Ideias*, suplemento literário do *Jornal do Brasil*, do Portal Literal, do site Zona Digital e da revista eletrônica *Overmundo*. Escreveu, com Heloisa Buarque de Hollanda, o capítulo sobre redes virtuais no livro *Explosão Feminista*. Também dividiu com Heloisa a curadoria dos ciclos *Oi cabeça* e *Zona digital* e foi sua orientanda no pós-doutorado do Programa Avançado de Cultura Contemporânea (PACC), da UFRJ. É autora de *Pena de aluguel: escritores jornalistas no Brasil e Sujeito oculto*.

Eduardo Coelho é professor da Universidade Federal do Rio de Janeiro (UFRJ). Coordena com Heloisa Buarque de Hollanda e Luciana di Leone o projeto de extensão Laboratório da Palavra, que faz parte do Programa Avançado de Cultura Contemporânea (PACC). É professor do Programa de Pós-Graduação em Ciência da Literatura, desenvolvendo pesquisas sobre poesia brasileira moderna e contemporânea. Organizou, entre outras, a antologia *Manuel Bandeira* da coleção Melhores Crônicas (Global). É autor do diário de viagem *Terra vista* (Língua Geral).

Ilana Strozenberg é socióloga, especializada em Antropologia Cultural e doutora em Comunicação e Cultura pela UFRJ. É professora colaboradora da Escola de Comunicação da Universidade Federal do Rio de Janeiro (ECO-UFRJ) e coordenadora do Pós-doutorado em Estudos Culturais do Programa Avançado de Cultura Contemporânea (PACC) da Faculdade de Letras da mesma universidade. Suas pesquisas investigam temas relativos às diferenças socioculturais no contexto urbano contemporâneo e as articulações entre suas diferentes expressões; o impacto das novas tecnologias na dinâmica da comunicação e seus efeitos sobre as hierarquias sociopolíticas tradicionais.

Este livro foi editado pela Bazar do Tempo
em junho de 2019, na cidade de São Sebastião
do Rio de Janeiro, e impresso no papel Pólen
Soft 80g/m² pela gráfica Santa Marta. Foram
utilizados os tipos Din, Mercury e Myriad.